# COZINHA MINEIRA

Senac MG

# COZINHA MINEIRA

## TRADIÇÃO E CONTEMPORANEIDADE

Organização

Vani Maria Fonseca Pedrosa

Editora Senac Rio – Rio de Janeiro – 2025

**Senac RJ**

**Presidente do Conselho Regional**
Antonio Florencio de Queiroz Junior

**Diretor Regional**
Sergio Arthur Ribeiro da Silva

**Diretora Administrativo-financeira**
Jussara Alvares Duarte

**Assessor de Inovação e Produtos**
Claudio Tangari

**Editora Senac Rio**
Rua Pompeu Loureiro, 45/11º andar
Copacabana – Rio de Janeiro
CEP: 22061-000 – RJ
comercial.editora@rj.senac.br
editora@rj.senac.br
www.rj.senac.br/editora

**Publisher:** Sergio Arthur Ribeiro da Silva
**Coordenação editorial:** Cláudia Amorim
**Prospecção:** Manuela Soares
**Coordenação administrativa:** Vinícius Soares
**Coordenação comercial:** Alexandre Martins
**Revisão de texto:** Andréa Regina Almeida
**Projeto gráfico de capa e miolo/diagramação:** Julio Lapenne

**Preparação e copidesque:** Ana Carolina Lins
**Organização e pesquisa:** Vani Maria Fonseca Pedrosa
**Fotografias das páginas 123, 134 e 183:** Geniltomar Elias Pereira
**Colaboradores:** Adriano Vilhena, Arthur Fonseca Pedrosa, Adélia Batista Lopes, Kleinia Anjos Vianna, Roberto Haddad, Luciano Avellar, Mauro César de Paula, Ronie Peterson, Michael Abras, Marcus Vinicius de Carvalho, Bruno Déde, Agnes Laila Rodrigues, Rafael Teixeira de Mattos, Maicon Rodrigues, Fabiana Soares, Maria Lúcia Clementino Nunes (*in memoriam*) e Eberhard Hans Aichinger

**Impressão:** Imos Gráfica e Editora Ltda.
**1ª edição:** fevereiro de 2025

**CIP-BRASIL. CATALOGAÇÃO NA PUBLICAÇÃO**
**SINDICATO NACIONAL DOS EDITORES DE LIVROS, RJ**

S477c

SENAC MG
Cozinha mineira : tradição e contemporaneidade / SENAC MG ; organização Vani Maria Fonseca Pedrosa. - 1. ed. - Rio de Janeiro : SENAC Rio, 2025.
200 p. ; 23 cm.

ISBN 978-85-7756-497-2

1. Culinária brasileira - Minas Gerais. I. Pedrosa, Vani Maria Fonseca. II. Título.

25-95796 CDD: 641.598151
CDU: 641.5(815.1)

Gabriela Faray Ferreira Lopes - Bibliotecária - CRB-7/6643

Dedicamos este livro aos que hoje não estão mais conosco e que em vida dedicaram a profissão à cozinha mineira. A Maria Stella Libânio, por ter aberto o caminho para o reconhecimento da cozinha mineira como identidade do povo mineiro; a Maria Lúcia Clementino Nunes (Dona Lucinha), por apresentar a cozinha mineira como elemento afetivo e econômico, e difundi-la além das fronteiras do estado; a Nelza Trombino, por mostrar a cozinha mineira como cartão de visitas da hospitalidade do estado; a Maria Clara Rodrigues (Maria das Tranças), por mostrar ser possível manter uma técnica tradicional na cozinha contemporânea; a Chez Dadette, por iluminar a cozinha mineira com o olhar contemporâneo das cozinhas internacionais; a Gema Galgani Braga (Dona Gema) e a Piedade Margarida (Dona Pequetita), que de seus tachos de doces em Santa Luzia levaram a doçaria mineira ao Palácio de Buckingham. Em especial, a Hans Eberhard Aichinger, pelo incentivo incondicional à pesquisa sobre a cozinha mineira no Senac MG, esforço que hoje é coroado com esta publicação.

*Gastronomia é comer olhando para o céu.*

(MILLÔR FERNANDES)

# SUMÁRIO

# PREFÁCIO

É com imenso orgulho e entusiasmo que apresento a obra magistral *Cozinha mineira: tradição e contemporaneidade*, organizada por Vani Pedrosa. Este livro é muito mais que uma simples coleção de receitas, é uma jornada apaixonante pelas raízes profundas e pelos sabores inebriantes da culinária mineira, que se desdobra diante de nós em uma sinfonia de tradição e modernidade.

Ao folhear as páginas deste livro, somos transportados por um universo de experiências sensoriais e históricas que celebram a riqueza cultural e gastronômica de Minas Gerais. Desde os primeiros passos dados pelos exploradores nas trilhas dos caminhos, currais e arrais até os sabores contemporâneos que emergem das cozinhas modernas de Belo Horizonte, somos convidados a testemunhar a evolução dinâmica da cozinha mineira ao longo do tempo.

Explorando a territorialidade da cozinha mineira, somos guiados em uma jornada pelos territórios gastronômicos únicos que caracterizam as paisagens físicas e culturais do estado. Desde os caminhos sinuosos do ouro até as rotas do comércio onde o elemento principal era um alimento: o sal. Por esses caminhos, somos imersos em uma tapeçaria vibrante de influências e práticas culinárias que revelam a riqueza e a diversidade da cozinha mineira.

No âmago deste livro, encontra-se a formação cultural que alimenta a formação gastronômica de Minas Gerais, mistura fascinante de influências indígenas, ocidentais e africanas que se entrelaçam para criar uma tapeçaria de sabores verdadeiramente única. Do mapa dos povos indígenas aos doces amados pela princesa Diana, cada página é uma celebração da diversidade e autenticidade que permeiam a culinária mineira.

O capítulo dedicado aos ingredientes essenciais à cozinha mineira oferece uma visão cativante dos elementos que dão vida aos pratos emblemáticos da região. Das águas límpidas que fluem pelas terras de Minas até a falta do sal, motivo da criação de técnicas para acentuar os sabores, cada ingrediente é uma homenagem à natureza generosa e à tradição culinária que definem a cozinha mineira.

Nas mãos habilidosas de Vani Pedrosa, este livro transcende as fronteiras da mera culinária, tornando-se uma ode inspiradora à paixão, criatividade e resiliência que sustentam a cozinha mineira. Cada página é uma obra de arte que nos convida a explorar, experimentar e saborear a riqueza incomparável da cozinha mineira.

Em cada capítulo, somos levados a explorar os elementos de difusão e valorização da cozinha mineira, desde as festas religiosas e folclóricas até os processos de indicação de procedência e registro de produtos e serviços que salvaguardam a autenticidade dessa rica tradição culinária.

Discutida com maestria no Capítulo 6, a formação do gosto revela os elementos de influência na memória social do gosto alimentar, destacando a importância da memória coletiva na construção dos sabores que definem a cozinha mineira. A Parte II do livro, intitulada Programa Primórdios da Cozinha Mineira, apresenta uma análise detalhada dos nove pilares que sustentam essa culinária tão amada. De técnicas e utensílios a receitas tradicionais e contemporâneas, cada pilar é cuidadosamente explorado e ilustrado, oferecendo uma visão abrangente e informativa da essência técnica da cozinha mineira.

Os pilares horizontais e verticais do programa revelam a complexidade e a riqueza dos elementos que compõem a cozinha mineira, abrangendo de utensílios tradicionais a receitas que representam as diferentes regiões e tradições culinárias do estado. Os pilares horta tradicional; pomar tradicional; carnes e derivados de animais; farinhas, grãos, quitandas e pães; leiteria e derivados do leite; doceria; e bebidas não alcoólicas e alcoólicas completam o panorama educacional da obra.

Que este livro seja uma fonte de inspiração e conhecimento, convidando os leitores a mergulhar na rica tapeçaria de sabores, tradições e histórias que fazem da cozinha mineira uma joia preciosa do patrimônio cultural do Brasil. Que inspire os leitores a se aventurar além das receitas e a mergulhar na história, na cultura e na alma dessa culinária única. Que cada página seja um convite para celebrar a tradição, honrar a inovação e saborear a magia da cozinha mineira.

Bom apetite e boa jornada gastronômica!

**Edson Puiati**
*Diretor de Hospitalidade e Gastronomia do Senac MG*

# AGRADECIMENTOS

A todos os cozinheiros, chefs, produtores, pesquisadores e fomentadores da cozinha mineira, o trabalho em prol da manutenção das tradições da cozinha mineira e a criatividade na modernização desse patrimônio de Minas Gerais.

Em particular, ao Senac MG, à sua direção, aos professores, alunos e funcionários, o empenho educacional nas pesquisas e os aprimoramentos técnicos que originaram este livro.

Ao trabalho de nossos parceiros para alcançar este resultado, como o Governo de Minas Gerais por meio da Secretaria de Estado de Cultura e Turismo (Secult) e as instituições apoiadoras da produção alimentar no estado, bem como a todos que colaboraram nas investigações e ações do Programa Primórdios da Cozinha Mineira.

Em especial, à Editora Senac Rio, o reconhecimento da importância deste livro e a parceria na publicação.

Nossa expectativa é, com esta obra, reunir e apresentar os elementos que compõem esse patrimônio, a fim de que sejam apreciados por todos tal como é estimada a própria cozinha mineira.

# INTRODUÇÃO

## Cozinha mineira, o que é?

Essa foi a pergunta que instigou a produção deste livro. A busca por uma resposta que descrevesse as cozinhas clássica e contemporânea de Minas Gerais não foi tão fácil, dada a complexidade de fatos que a expressão significa. No entanto, no fim deste trabalho, foi possível expressar uma síntese do que é a cozinha mineira: "riqueza estrutural e afetiva de Minas Gerais. Gosto e identidade forjados na tradição e na técnica do uso dos ingredientes locais. Elemento fundamental na sociabilidade, no desenvolvimento econômico e social e na representatividade da diversidade cultural e da cadeia produtiva em Minas Gerais." (Pedrosa, 2024)

Ainda que tenhamos conseguido resumir a ideia nessas palavras, outras respostas vistas por enfoques diferentes poderão ser apreciadas neste livro. Elas mostram que a cozinha mineira não foi uma invenção, fato óbvio para qualquer mineiro, principalmente para um profissional de cozinha do referido estado.

Interessa-nos, nesta obra, o todo complexo que representa a cozinha mineira. No decorrer das páginas, os conteúdos distintos traçam diversos paralelos para entender a cozinha mineira e suas interfaces, suas relações com os ambientes físico, econômico, social e cultural, na temporalidade de alguns fatos e temas marcantes.

Para tanto, o livro é dividido em duas partes. Composta de seis capítulos, a primeira trata da cozinha mineira sob as perspectivas econômica, histórica, territorial e sociológica. Já a segunda parte enfatiza particularmente o uso da técnica na cozinha mineira, bem como os elementos que a constroem, transformam e inserem no produto a herança produtiva de gerações vindas de culturas diversas. Ao abordar processos técnicos e agrupá-los por semelhanças – tal como descrito pelos pilares do Programa Primórdios da Cozinha Mineira, do Senac MG –, é possível efetivamente trazer a importância dos métodos e dos modos de fazer e servir, usos que resultaram na transformação do alimento na cozinha mineira.

Reconhecemos que muito ainda falta para contemplar todo o entendimento sobre a cozinha mineira, visto ele estar constantemente em transformação, mas esperamos que, com base no proposto aqui, um caminho possa ser aberto por esse olhar amplo. Isso é o que nos move neste momento – além do gosto pela cozinha das Minas e das Gerais, é claro!

# PARTE I

## COZINHA MINEIRA: DOS PRIMÓRDIOS À CONTEMPORANEIDADE

*O que faz andar o barco não é a vela enfunada,*
*mas o vento que não se vê...*

(Platão)

## Cozinha mineira ou gastronomia mineira?

Os mais de trezentos anos do estado de Minas Gerais aglutinaram diversos elementos que formaram a cozinha mineira. A cultura alimentar produzida pelos mineiros se tornou a representante de uma cozinha que tem identidade com o estado. Ela pode ser definida como uma tradição que, nascida e continuada na criatividade, a faz permanecer atual, uma cozinha contemporânea em si mesma.

Entre outros aspectos, a cozinha mineira pode ser caracterizada como típica, histórica, regional, clássica, tradicional, afetiva, de ingrediente, autoral e contemporânea. Sua capacidade de se transmutar em meio à diversidade das nomenclaturas, sem deixar de ser cozinha mineira, faz com que na contemporaneidade ela também possa ser chamada gastronomia mineira por sua tamanha força no universo da produção alimentar do estado. Independentemente de como se escolhe chamá-la nos distintos contextos, ela continua sendo a cozinha mineira.

Nesse contexto de nomenclaturas sobre a cozinha e a noção de contemporaneidade, entendemos o termo "gastronomia" como o conjunto de conhecimentos para a produção de alimentos. No entanto, é bom refletirmos: cozinha e gastronomia são sinônimas? São complementares? Divergentes? Ambas refletem a cultura alimentar de um território? Essas são boas perguntas para se ter em mente durante a leitura deste livro.

É lúcido começarmos pelo entendimento sobre a amplitude do uso da palavra "cozinha". Em princípio, ela se refere restritamente ao espaço para preparar alimentos. Entretanto, deve-se ter em mente também a colocação (definição) de Montanari (2013, p. 26), para quem a cozinha é "(...) uma atividade humana por excelência, somente o homem sabe fazê-la. Com uso do gesto de cozinhar, que transforma o produto da natureza em alimento fabricado pelo homem".

É exatamente o fato de ser uma "atividade humana por excelência" que amplia o escopo desse espaço da cozinha e faz com que ela reflita as heranças culturais e o modo de vida do grupo que a produz. Quando aqui nos referimos à cozinha mineira, a reconhecemos como esse "espaço de cozinhar" próprio do território do estado de Minas Gerais, um lugar de preparo dos alimentos que reúne ingredientes, técnicas, heranças e hábitos culturais locais e produtos de origem. É essa amplitude existente na cozinha como identidade territorial que movimenta toda uma cadeia produtiva alimentar, a qual se estende para além do conceito de cozinha apenas como espaço de preparo da comida, expandindo-a, de certa maneira, para outros setores. Nesse movimento, ocorre a aproximação ao amplo espaço de conhecimento que é a gastronomia, fazendo-a transitar por produtos e serviços correlatos, a exemplo de queijos, azeites, cachaças, cervejas, cafés e frutas, eventos temáticos, instituições, entre outros. É a "cozinha mineira" como uma marca de identidade e de qualidade adquirida pela produção alimentar de Minas Gerais.

O reconhecimento de uma cozinha local, feita com qualidade, além da promoção do gosto e da memória afetiva, tem importante vínculo com a economia e a política. No caso da cozinha mineira e do produto alimentar mineiro, ambos contribuem com relevante parcela no PIB do estado e representam um dos grandes atrativos para o turismo, o desenvolvimento tecnológico, a geração de renda e associativismo e a criação de políticas públicas.

O entendimento da cozinha mineira como representante da identidade do estado pode ser percebido por relatos diversos desde os primeiros anos do crescimento populacional de Minas Gerais. É possível identificar esse processo por meio de um olhar sobre a história econômica alimentar que pode ser apresentada pelos três períodos do desenvolvimento alimentar no estado. Esses marcos se desenvolvem alinhados a elementos físicos, econômicos e culturais distintos, nos quais o tipo de produção e os usos dos ingredientes se adaptam ao modo de vida de cada época, refletindo a identidade territorial em cada período.

Com base nesses períodos, apresentamos uma metodologia para descrever o uso das técnicas específicas na cozinha mineira. Trata-se de um estudo fundamentado em uma metodologia, detalhada mais à frente, que reflete processos técnicos desenvolvidos para aprimoramento dos produtos na cozinha mineira. Fazem parte dessa metodologia nove unidades produtivas alimentares, denominadas pilares.

Os dois primeiros pilares não produzem na cozinha um produto gastronômico propriamente dito, mas são inerentes a ele:

I. Técnicas, utensílios, ambientes e serviços – Refletem as heranças culturais do modo de fazer, apresentar e servir o alimento, bem como o ambiente e os utensílios para esse fim.

II. Receitas – Trata-se dos modos de transmissão e registros de saberes: a oralidade, os cadernos de receitas e as publicações, entre outras formas contemporâneas de transmissão de conhecimentos.

Já os outros sete pilares da cozinha mineira originam os produtos gastronômicos acabados e descrevem as unidades das técnicas produtivas provenientes dos quintais das casas e das fazendas mineiras. São eles:

III. Horta tradicional

IV. Pomar tradicional

V. Carnes e derivados de animais

VI. Farinhas, grãos, quitandas e pães

VII. Leiteria e derivados do leite

VIII. Doceria

IX. Bebidas não alcoólicas e alcoólicas

Essa subdivisão é, de certa maneira, reconhecida como usual também nas cozinhas ocidentais, conforme preconiza Harold McGee em seu best-seller *Comida & cozinha: ciência e cultura da culinária*, que enfatiza essa relação entre o quintal, a cozinha e a mesa por meio da ação técnica dos cozinheiros locais sobre os ingredientes.

A base inicial do estudo em que nos fundamentamos foi o Santuário do Caraça, em Minas Gerais, e sua colocação foi posteriormente confirmada pelo estudo sobre os relatos de modelos semelhantes dessa mesma relação entre quintal, cozinha e mesa em cidades como Caeté, Santa Bárbara, Barão de Cocais, Catas Altas, Diamantina, Santa Luzia, Brumadinho e Bom Despacho, entre outras. Foram mais de 120 horas de depoimentos dos detentores dos processos produtivos locais, gravados pelo Programa Primórdios da Cozinha Mineira e transcritos em relatórios. No Senac MG, esses nove pilares foram precursores de uma metodologia de desenvolvimento regional por meio da gastronomia, eficiente modelo de geração de renda e fortalecimento do turismo com base na cozinha mineira como identidade local.

# CAPÍTULO 1

# A COZINHA MINEIRA SOB A PERSPECTIVA DO DESENVOLVIMENTO ECONÔMICO E ALIMENTAR DE MINAS GERAIS

Oscar Araripe

## A cozinha mineira dos caminhos, currais e arraiais

A partir de 1550, ou seja, cinquenta anos da chegada dos portugueses ao Brasil, tem-se notícia da existência de metais preciosos no interior do Brasil, conforme trecho da carta enviada da Bahia pelo espanhol Felipe Guillén ao rei de Espanha D. João III. Essa busca de riquezas que levaram os primeiros aventureiros às regiões das minas é sintetizada no mito da serra de pedras resplandecentes, Serra do Sabarabuçu (Carrato, 1963, p. 3).

Durante as entradas e bandeiras para o Sertão do Cataguases, teve início o primeiro período da cozinha mineira: a cozinha aventureira, que desbravava os caminhos das minas. Essa cozinha caracterizava-se pelo borralho, pelo fogo de chão e, de certo modo, era nômade, forjada nas farinhas de milho e mandioca, em carnes salgadas, além do feijão. A cada mina de ouro surgia um povoado, com uma igreja (Rabelo *et al.*, 2018).

A cozinha desse período é seca, tropeira, herdada de outras partes do Brasil, como dos estados do Nordeste e de São Paulo. Caracterizada pelo uso de uma menor variedade de ingredientes em razão do pouco conhecimento sobre espécies locais, os vasilhames usados eram basicamente encontrados na natureza – cuité, cabaça, muitos de fabricação indígena em madeira taquara, cipó – e os raros utensílios de metal, como talheres, vinham da Europa. Para conservar os alimentos, eram usadas salga, farinhas (paçocas), gordura (*confit*), fumaça (defumação), desidratação (principalmente a solar) e caldas de rapadura. Para as bebidas, a fermentação e a destilação já eram aplicadas (Rocha, 2003).

O gado garantia a entrada de insumos no território, vindo principalmente do Nordeste pelo Recôncavo Baiano. Trazia consigo os alimentos mais usados – leite, mandioca, feijão, cana-de-açúcar, banana – bem como arroz vermelho e frutas do mato; a pesca e a caça eram frequentes. A falta do sal cria rotas de comércio desse produto e desenvolve uma maneira particular de temperar e dar sabor pelo uso de ervas e técnicas de defumação. Um modo de se transportar o sal era nas próprias carnes salgadas e o mineral *in natura*. Além de ser ingrediente, o torresmo salgado era usado para salgar, temperar e dar sabor. A pele de porco salgada e o bacalhau sem dessalgar eram utilizados para temperar legumes, grãos e verduras. Preparos usuais nessa época eram os bolinhos tipo "capitão", maneira prática de comer sem talher. Além da mandioca, outras raízes de uso dos indígenas, como o cará e o mangarito, eram assadas em folhas de vegetais, por exemplo a folha de bananeira, que servia como vasilhame. Os doces eram o mel e a rapadura, esta última muitas vezes usada de base para conservar frutas como cidra, mamão, banana e abacaxi (e.g. Nunes, 2010).

O milho e a mandioca foram a base de uma cozinha de ingredientes e usados em muitos pratos. A começar pela jacuba, receita frugal consumida em vários momentos do dia, preparada basicamente com farinha de mandioca ou de milho, café e açúcar. O milho, a mandioca e suas farinhas eram essenciais. Com carne, feijão ou rapadura, podiam resultar em pratos completos. Outros importantes alimentos na cozinha desse período eram a banana – ingrediente da sopa de banana-verde – e a cana-de-açúcar. A fermentação e a destilação também eram técnicas usadas na época para a produção de fermentados de frutas e de cachaça, respectivamente. Nesse período, a cozinha mineira existia pelos caminhos das Minas e das Gerais.

## Cozinha mineira das fazendas, vilas e cidades

*Neste período a cozinha mineira é marcada pela cozinha caldosa.*

(MENESES)

Ao longo dos séculos XVIII e XIX, o número de fazendas e casas de hospedagem, necessárias ao intenso comércio entre vilas e cidades, aumentou em Minas Gerais. A hospedagem denominada Hospício de Nossa Senhora Mãe dos Homens, por exemplo, foi criada em 1774 na Serra do Caraça. Inaugurada pelo Irmão Lourenço de Nossa Senhora, ficava situada no movimentado caminho entre as minas de ouro e diamantes (Tambasco, 2010).

Com o passar dos anos, o ouro de aluvião deu lugar a formas mais técnicas de extração mineral, trazidas inicialmente pelos ingleses e aprimoradas com o trabalho dos africanos. Além do garimpo, as pessoas escravizadas eram experientes na cozinha, conforme relata Laurentino Gomes no livro *Escravidão* (2021). A vinda de culturas estrangeiras trouxe novas influências alimentares para o território, como o uso de chás, o desenvolvimento de quitandas – por exemplo a queca, adaptação do bolo inglês –, a fermentação para os pães judaicos, como a rosca, e os pudins da doçaria conventual portuguesa, como o queijão e o pudim de gabinete. Foi um momento de grande aprimoramento técnico por meio da cozinha de fazenda, principalmente na doçaria, na produção de quitandas e no uso de carnes caldosas. Essa cozinha servida à mesa ou feita no fogão a lenha das casas não demandava ser seca para o transporte das tropas.

Nesse período, amplia-se o cultivo de espécies vegetais em hortas, pomares e roças. As receitas de família começam a ser citadas na literatura da época e, em meados do século XIX, o primeiro livro sobre cozinha brasileira, chamado *Cozinheiro nacional*, é publicado no Rio de Janeiro. Nele, a maioria das receitas indicadas como "à moda" referem-se "à moda de Minas" ou "à mineira", o que já denota a existência de um diferencial na cozinha mineira como uma cozinha de identidade no Brasil (Pedrosa, 2015).

Os vasilhames passam por grande desenvolvimento técnico. Surgem as panelas advindas do ofício de cantaria (panela de pedra), os tachos de cobre feitos pelos ciganos, as panelas de ferro das forjas ou, ainda, as de barro dos indígenas, que foram adaptadas com tampas para guardar comida; os africanos também os produziam. Após a chegada da corte portuguesa ao Rio de Janeiro, intensificou-se o uso de talheres e louças principalmente nas cidades de Sabará, Caeté, Santa Luzia, Ouro Preto, Mariana, Diamantina, Barbacena e São João del-Rei, onde teve início o trabalho de vasilhame de ferro batido e liga de estanho (Vasconcelos, 1966).

A agricultura e o comércio foram os principais fatores de fomento da cozinha mineira nessa época. Vendas com produtos alimentícios se estabelecem na lateral de casas, fazendas, vilarejos, em estradas e cidades. Técnicas de origens distintas começam a se intensificar, e, ainda no século XVIII, tem início, de maneira precária, a produção de queijos, conservas, azeites, sabões, além de cultivos variados e a diversificação da criação de animais para uso da casa e para comércio. O boi era o animal mais bem-aproveitado no comércio – o porco também tinha esse viés de aproveitamento integral, mas era mais voltado para o consumo familiar que para o comércio. O boi era usado para transporte e para a produção de carnes, recria, leite e couro. Por sua vez, o modo de temperar os alimentos se aprimora com o uso de frutas ácidas, fermentados e destilados, além das ervas, em substituição ao sal, que é escasso. A cozinha de fazenda desse período é farta, elemento principal da unidade familiar e da hospitalidade mineira.

## Cozinha mineira e modernidade na nova capital: Belo Horizonte

A transferência da capital mineira de Ouro Preto para Belo Horizonte, em 1897, foi vital para a consolidação da cozinha mineira como identidade do estado. Ademais, formalizou seu reconhecimento pela modernidade.

A produção agrícola e pecuária de destaque no interior, pelos caminhos do ouro e do sal, passou a ser destinada à nova capital, encontrando uma maneira eficiente de escoamento produtivo e garantia da oferta dos ingredientes necessários para a produção da cozinha mineira. Essa distribuição ocorria inicialmente nos mercados da capital: Mercado da Lagoinha e, mais tarde, Mercado Central, além de outros.

A nova capital de Minas Gerais e o século XX chegam com um novo conceito: a praticidade e o incremento dos processos industriais, a entrada da mulher no mercado de trabalho e a dinâmica de uma cidade modernista. A nova capital oferecia tudo isso e ainda contava com imigrantes, principalmente libaneses, italianos e alemães, responsáveis por apresentar novos hábitos alimentares à cidade, a exemplo das padarias. Essas mudanças, contudo, não impediram a cozinha mineira de se consolidar em Belo Horizonte; ao contrário, de certa maneira contribuíram para consolidá-la ao reconhecê-la como uma cozinha local que dividia espaço com as cozinhas milenares trazidas pelos imigrantes. Personalidades como o influente Juscelino Kubitschek e a culinarista Maria Stella Libânio Christo, que mais tarde publicou o livro *Fogão de lenha*, foram figuras essenciais para a valorização da cozinha mineira tradicional, em um período em que a cultura alimentar estrangeira era moda na cidade.

Os bares da capital também foram outro ponto dessa difusão. A cozinha mineira dos bares era a antiga cozinha de quintal, servida em porções, com bolinhos e pratos típicos da cozinha do estado, como caldos, feijão-tropeiro, galinhadas e empadas, que ganharam evidência também como comida de rua. Profissionais liberais, políticos, prestadores de serviço e comerciantes, vindos de todas as partes do estado, levaram para a capital seus hábitos de consumo e técnicas culinárias diversas da cozinha mineira interiorana.

Na nova capital, os eventos oficiais que inicialmente privilegiavam a cozinha francesa eram feitos, nos primeiros anos, por chefs internacionais. Pouco a pouco, eles foram substituídos por cozinheiras da cozinha mineira, banqueteiras locais, a exemplo de Catharina Matos, proprietária do Buffet Catharina. Antes de empreender, ela foi cozinheira do Palácio do Governo do Estado por vários anos e era especialista em doces. Estes, aliás, primeiros a adentrar as recepções do governo com as quitandas, eram servidos em cafés, chás e sobremesas de almoços e jantares. Em um primeiro momento, eles tinham o papel primordial de apresentar a cozinha mineira e a mineiridade aos visitantes do Palácio do Governo.

Ainda hoje restaurantes como Maria das Tranças, Nonô, Café Palhares e Xapuri se mantêm ativos, mesmo com o incremento dos restaurantes estrangeiros em Belo Horizonte. Restaurantes com a temática da cozinha mineira tradicional continuam a ser abertos na cidade, como é o caso do Cozinha Tupis, situado no Centro da capital. Nas padarias da capital, as receitas dos padeiros portugueses e italianos competem com outras das quitandas mineiras, como o biscoito de polvilho e o pão de queijo. Pode-se, portanto, definir as mudanças sociais ocorridas em Minas Gerais ao longo do século XX como uma transição de um mundo rural para um mundo urbano (Rabelo *et al.*, 2018). Sem, contudo, excluir a cozinha mineira desse cenário modernista.

Talentos e ícones como Maria Stella Libânio Christo, Dona Lucinha, Nelsa Trombino, do restaurante Xapuri, e Maria Clara Rodrigues, fundadora do restaurante Maria das Tranças, valorizaram a cozinha tradicional mineira e o papel feminino nessa trajetória ao transformarem-na em cartão de visitas para o turismo da cidade ou em temas para publicações e eventos.

A forma de transmissão dos saberes também sofreu grandes mudanças ao longo dos anos. Em 1963, o Senac MG desenvolveu o primeiro curso de cozinheiro do estado, e a cozinha mineira passou então a ser sistematizada e transmitida de modo educacional, o que aumentou consideravelmente a produção escrita sobre ela.

Esse período foi marcado por outro momento de aprimoramento técnico da cozinha mineira por meio de processos modernos de industrialização. Alguns produtos partem das receitas familiares e são produzidos em escala industrial, seja para o mercado interno, seja para exportação. Esses ícones de venda em escala mediante técnicas da engenharia de alimentos, entre outras, conseguem manter a memória afetiva do produto original feito de modo artesanal, como é o caso do pão de queijo congelado e do doce de leite de Viçosa.

O Senac MG também aumentou a oferta na área de cozinha com o curso Tecnólogo em Gastronomia, além de vários outros cursos livres, reconhecendo a identidade da cozinha mineira em seu potencial de produzir produtos e renda. Pela ação do Senac MG, a cozinha mineira passa, então, a ser integrada ao campo educacional, visando à geração de renda e ao aprimoramento dos serviços para o comércio alimentar e o turismo. Além dos cursos do eixo de gastronomia, o Senac MG produziu uma metodologia de desenvolvimento regional com a criação do Programa Primórdios da Cozinha Mineira, que será descrito posteriormente. Assim, a cozinha encontrou suporte para aprimorar as produções comercial e local, melhorando a técnica, valorizando o uso de produtos locais como queijo, café, azeite, cachaça, quitandas, doces, frutas e verduras de origem. Além disso, intensificou a produção escrita, as pesquisas e os processos tecnológicos sobre o aprimoramento da cozinha mineira.

Em 2019, essas ações do Senac e de várias outras instituições foram incorporadas ao relatório que pleiteava mais um título para Belo Horizonte, e a capital foi agraciada pela Unesco com o prêmio "Cidade Criativa da Gastronomia", corroborando a importância de Belo Horizonte como polo turístico gastronômico de relevância.

# CAPÍTULO 2

## TERRITORIALIDADE DA COZINHA MINEIRA

## Territórios gastronômicos

*Minas ajunta tudo dos extremos, delimita, aproxima, propõe transição, une ou mistura.*

(GUIMARÃES ROSA)

Outro fator de grande influência na formação e no desenvolvimento da cozinha mineira foi a centralidade geográfica de Minas Gerais em relação ao Brasil. Suas diversidades física, econômica e social favoreceram evidências para uma setorização que valoriza abordagens diversas dessa cozinha, representantes de culturas alimentares de várias regiões mineiras, agrupadas conforme seus principais territórios gastronômicos.

Embora esses limites de influências recebidas pela cozinha mineira não possam ser rigidamente considerados, temos de entender a importância de seus pontos de interseção e suas diversidades. Reconhecê-los promove seu valor, aumenta a autoestima local, favorece o desejo de aprimorar os produtos locais e propicia o incremento do turismo gastronômico no território.

A localização geográfica de Minas Gerais tem ligação direta com a diversidade alimentar distribuída pelos territórios. Aspectos como solo, clima e água, aliados ao fator humano, favoreceram o uso da biodiversidade dos ingredientes e a promoção dos cultivos em escala no estado, o que levou ao desenvolvimento de uma cozinha mineira variada, repleta de diversidade em seus ingredientes, processos técnicos que podem ser apresentados em territórios gastronômicos distintos, fortalecidos por uma rede de comércio efetiva para os resultados de difusão de produtos e integração territorial.

Situado sobre os planaltos atlântico e central, o território mineiro é cortado em parte pelo Maciço do Espinhaço, onde se encontra o quadrilátero ferrífero, sexta maior reserva de minério de ferro do mundo, riqueza responsável pela rápida ocupação econômica do estado nos séculos XVII e XVIII, durante o ciclo do ouro.

As formações de serras são comuns em Minas. Na porção sul, as Serras do Caparaó, da Canastra e da Mantiqueira são as principais. As altitudes das serras condicionam temperaturas mais amenas durante o ano, bem propícias a diversos cultivos, tropicais e de climas temperados. Em áreas mais quentes, a vegetação de cerrado, maioria no estado, garante a diversidade de outros cultivos de climas quentes e secos.

A grande extensão territorial do estado – 586.528 km$^2$ – e seu posicionamento no quadrante central do Brasil, na região Sudeste, o fez ter ligação direta com a maioria das cinco regiões do país, favorecendo o escoamento de gêneros alimentícios para o comércio e a troca de influências técnicas e culturais na formação de sua constituição alimentar. A água é outra riqueza sem igual. Os grandes aquíferos do estado o fazem ser chamado de "caixa d'água do Brasil", por sustentarem um sistema agrícola e pecuário robustos.

Além dos aspectos geográficos, houve outro fator determinante para a distribuição de influências, saberes, renda e integração do estado, com consequente difusão de uma unidade alimentar conceitualmente mineira, em meio à vasta diversidade

produtiva já citada: a falta do sal de cozinha, e isso será discutido adiante. Pode-se dizer que é assim, com uma enorme diversidade de fatores, que surge, então, a mineiridade, um modo de vida peculiar em um território com alta oferta produtiva, demanda e passagens para muitos lados.

## Biodiversidade da cozinha mineira

A horta mineira mostra um fundamento além das plantas alimentícias não convencionais (pancs). Ela representa um legado de preservação no uso da biodiversidade das plantas de cada território de Minas. Seu desafio é conhecer e, muitas vezes, ressignificar o uso das verduras, dos legumes nativos e das técnicas tradicionais que colaboraram para a formação da cozinha mineira e o uso desses ingredientes nos preparos tradicionais de tal cozinha. As hortas locais são elementos vitais na busca pela memória do gosto de cada território, bem como fator de reconhecimento da identidade alimentar local e da preservação da biodiversidade mineira.

A biodiversidade foi elemento essencial na formação da cozinha mineira. As plantas eram, sem dúvida, de suma importância na alimentação de um contingente populacional enorme durante o ciclo do ouro, principalmente no que se refere aos escravizados. Atualmente vários movimentos visam valorizar esses ingredientes locais. Como exemplo, é possível citar o livro *Arca do gosto: Minas Gerais – 100 alimentos da sociobiodiversidade*, lançado em 2021 pelo Slow Food Brasil. A publicação é resultado da compilação de 100 alimentos da cultura alimentar e do território de Minas Gerais inscritos no catálogo da Arca do Gosto, programa organizado mundialmente pela Fundação Slow Food para a biodiversidade (Podestá, 2021).

## INGREDIENTES

Os ingredientes de serras, cerrados, caatinga, rios e lagos, florestas, campos, entre outros biomas, possibilitaram o surgimento de uma cozinha feita de componentes múltiplos em Minas, agrupados em um mesmo conceito de mineiridade, que favorecem uma variedade incrível de pratos de cada território. Assim, os pratos e ingredientes da cozinha mineira variam de região para região – do tropeiro que transita em todos aos azeites do sul de Minas, ou à carne-seca com mandioca do norte do estado. Queijos, cafés e vinhos, quitandas e doces, cada qual reflete um diferente conjunto de aromas e sabores que partem da terra e contam, no modo de fazer, sobre o modo de vida em cada parte do estado.

# Caminhos de Minas e cozinha mineira

## CAMINHOS D'ÁGUA

> *Minas Gerais é uma fortaleza natural, cortada por rios, que atraiu desde o homem pré-histórico pela proteção das serras e alimento farto vindos da terra e da água. Mais tarde, ao contrário do período anterior, as serras dificultavam ao extremo sua ocupação pelos estrangeiros. Protegida ao sul por uma compacta cadeia de serras e florestas tropicais, e ao norte pela caatinga e escarpas rochosas da serra do Espinhaço, os rios foram o norte para facilitar essa ocupação, que seguiu pelas margens e leitos dos rios.*
>
> (Rabêlo, 2018)

Além de serem fontes de alimento pela pesca abundante, os rios São Francisco, Doce e das Velhas foram usados largamente até o século XIX "como principais escoadores dos fluxos de mercadorias entre a região central das Minas e o Nordeste" (Paula, 2018, p. 114).

No município de Santa Luzia, ficava o principal porto da região mineradora. Pelo rio das Velhas, de importância singular para a navegação comercial da época, chegavam tanto mercadorias quanto pessoas, da corte ou escravizadas. O rio Doce orientava os caminhos que levavam até algumas vilas e pontos de comércio.

***Mapa de rios e bacias hidrográficas de Minas Gerais***

Em Minas Gerais há aproximadamente 688 quilômetros de malha hidroviária, dividida entre trechos navegáveis do rio São Francisco e os trechos navegáveis dos rios Paranaíba e Grande. A hidrovia do São Francisco hoje é a única que apresenta uma atividade regular de transporte de carga entre Pirapora (MG) e Juazeiro (BA) (Betarelli Junior; Domingues, 2016).

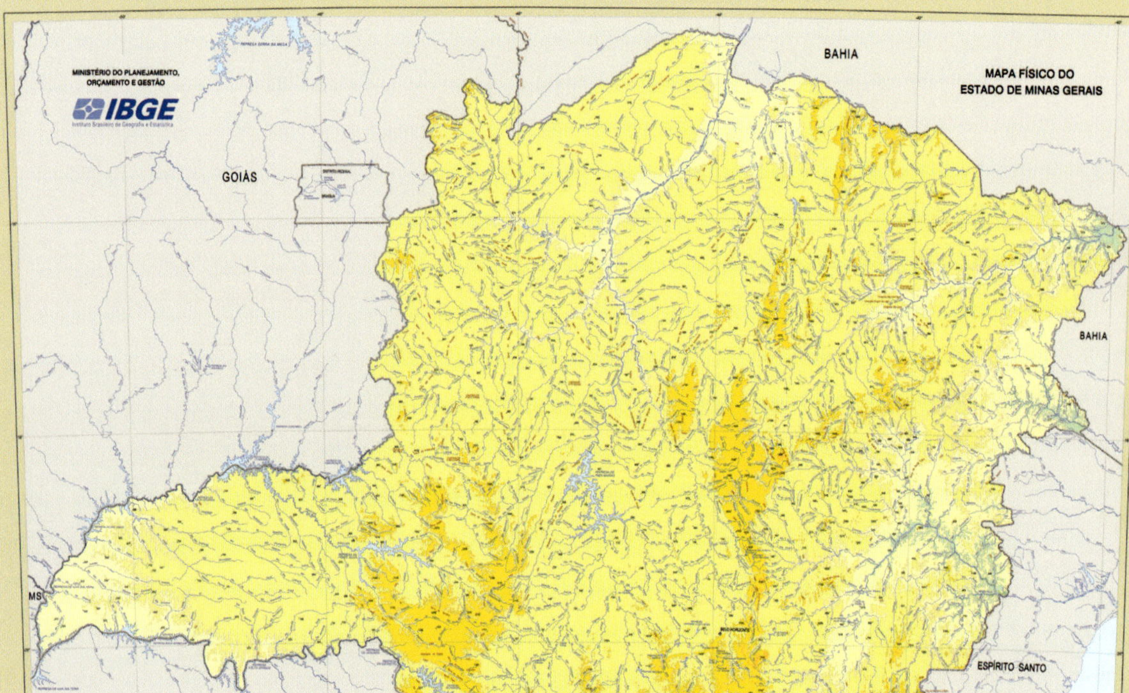

## CAMINHOS REAIS

Pelos caminhos de Minas o comércio fortalece a cozinha mineira. Os chamados caminhos reais foram aqueles abertos pela coroa portuguesa. Inicialmente, o objetivo era encontrar riquezas no interior do Brasil, mas, depois da descoberta do ciclo do ouro, outros caminhos foram criados para o controle da saída de ouro e metais preciosos e para a entrada de víveres na região mineradora. Esses caminhos do ouro formam hoje a rota de turismo chamada Estrada Real.

A Estrada Real vai muito além. Em busca do cobiçado ouro, de esmeraldas e diamantes, por ela adentraram as famosas bandeiras do século XVII, primeiro pelo Caminho Velho, de Paraty até Ouro Preto, posteriormente pelo Caminho dos Diamantes, dando seguimento de Ouro Preto até Diamantina. Em razão da necessidade de encurtar o tempo do trajeto do porto de Paraty até Ouro Preto, a coroa portuguesa contratou Garcia Rodrigues Paes para que "construísse" um novo caminho para se chegar do mar a Ouro Preto. Nascia aí o Caminho Novo da Estrada Real, da cidade do Rio de Janeiro, pelo Porto Estrela, ao fundo da Baía de Guanabara, até Ouro Preto em um percurso de 515 km bem mais curto e rápido que o Caminho Velho. Hoje, a Estrada Real fomenta o turismo: tem trechos com calçamento original, ideal para caminhadas; trechos cobertos por grandes rodovias; e os rústicos, com trilhas, ideais para ciclismo e mototurismo.

Do "estrangeiro" vinham ferramentas, instrumentos musicais, equipamentos diversos e alimentos como trigo e sal. Artistas, pintores, escultores, pesquisadores, cientistas e outras expertises das diversas escolas europeias também adentraram pela Estrada Real. E por ela saíam o ouro, as pedras preciosas e os diamantes, tudo em direção à Europa. Tais riquezas foram responsáveis pelo financiamento da revolução industrial europeia.

Tudo era transportado no lombo dos muares, adquiridos pelos bandeirantes no então famoso mercado de Taubaté, em São Paulo. Originários da Espanha, os muares foram trazidos pelos espanhóis para a região das Missões onde hoje está situada a cidade de Córdoba, na Argentina, daí para os pampas gaúchos, via Uruguai, e pela rota dos tropeiros até Taubaté.

As idas e vindas dessas mercadorias passavam obrigatoriamente pela Estrada Real, pois nela a coroa portuguesa instalara os registros, onde tudo era anotado e onde se cobrava o imposto do quinto (20%). Nessa rota, os então acampamentos foram virando locais de paradas, vilas e posteriormente cidades.

A conjugação das três etnias envolvidas no caminho – os brancos, bandeirantes portugueses; os negros, escravizados de origem africana; e os indígenas das diversas tribos que habitavam a região – deu origem ao fantástico perfil do brasileiro, com sua cultura, história, filosofia e gastronomia típicas.

Em 2015, no Complexo do Santuário do Caraça, que abrange os municípios de Catas Altas, Santa Bárbara e Barão de Cocais, liderado pelo Senac MG e com a participação de parceiros, nasceu o Programa Primórdios da Cozinha Mineira.

A consolidação da Estrada Real seguramente passa também pelo estômago. Criar uma rota gastronômica da Estrada Real, acoplando os já existentes festivais de gastronomia dos diversos municípios do entorno e os embasamentos teóricos do referido programa, seguramente será um sucesso.

## CAMINHOS DE FERRO

*A malha ferroviária foi construída para integrar a capital de Minas Gerais a outras metrópoles do país, como Salvador, Rio de Janeiro, São Paulo e Distrito Federal, além de fornecer às atividades econômicas de Minas Gerais o acesso dos principais portos brasileiros (Vitória, Rio de Janeiro, Sepetiba e Santos). Assim, a malha ferroviária de Minas Gerais é caracterizada por corredores logísticos que interliga o interior para o litoral (PELT-Minas). Existem praticamente três corredores consolidados do território mineiro: o corredor de Vitória, o de São Paulo/Centro-Oeste e o de Belo Horizonte/Rio de Janeiro.*

(Betarelli Junior; Domingues, 2016)

## EM MINAS, "TUDO É TREM"

Após o ciclo do ouro em Minas Gerais, houve uma época em que o transporte por trilhos era colossal. Ferrovias cortavam Minas Gerais em todas as direções. O trem de ferro foi um grande encurtador de distâncias, instrumento primordial para a integração do modo de vida, o fortalecimento do comércio e o escoamento de gêneros alimentícios, principalmente os da agricultura e da pecuária. As produções agrícola e pecuária foram o principal agente gerador de renda. Com as ferrovias, essas produções aumentaram significativamente pela facilidade de escoamento de grandes quantidades de alimentos, sobretudo grãos, café etc.

Para a cozinha mineira, o trem de ferro também foi vital para a difusão de produtos e hábitos locais. As estações ferroviárias eram importantes locais para o comércio de quitutes, entre doces, salgados e quitandas, que, além de gerarem renda, promoviam e divulgavam os preparos de Minas Gerais. Por isso, pode-se afirmar que as ferrovias foram um importante agente integrador da cultura alimentar mineira (Descubra Minas, 2020).

## O sal e os caminhos no território

No caso específico de Minas Gerais, a falta de sal impactou a abertura de fronteiras comerciais, econômicas, de difusão cultural, criação e ascensão social. No campo da técnica de cozinha, fomentou o aperfeiçoamento do ato de cozinhar, principalmente quanto ao uso de ervas, acidez das frutas e gorduras como saborizadores em substituição ao sal.[1] Com o início das salinas brasileiras no Maranhão e no Rio Grande do Norte, a coroa portuguesa manteve o modelo monopolista por meio de contratos com comerciantes no Brasil para exploração do sal (Prado Júnior, 1976 *apud* Fernandes, 1995, p. 30). Inicialmente, esse monopólio foi conduzido pelo comerciante português Francisco Pinheiro, estendendo comércio por Ceará, Bahia, São Paulo e Minas Gerais e fixando no Porto de Santos, em São Paulo, a distribuição nos quadros da colônia. Posteriormente, a produção foi ampliada para as salinas de Cabo Frio, que se configurou um centro de abastecimento mais barato para a região mineradora partindo do Rio de Janeiro. O sal era considerado o melhor negócio na colônia.

Em Minas Gerais havia um complexo arranjo profissional para o controle do comércio do sal: conservadores, estanques, distribuidores, vendedores, transportadores, carregadores. O sal era considerado o "ouro branco", fonte de ascensão social além da mineração. Quem detinha a distribuição do sal denominava-se "dono do sal".

Essencial para a alimentação, o sal foi moeda de troca e fomento para vários impérios em épocas remotas. Na Europa, desde a Idade Média, Portugal e Espanha eram grandes produtores de sal. Nos primeiros anos do Brasil, o sal consumido aqui vinha do excedente de produção em Portugal, e seus rendimentos foram essenciais no processo de expulsão dos holandeses do Brasil. Esse monopólio foi mantido por quase dois séculos (Amorim, 2006).

---

1 https://www.researchgate.net/publication/366022244_relacoes_de_Santa_LuziaMG_com_a_geo-historia_do_Brasil_e_da_economia-mundo_capitalista_entre_os_seculos_XVIII-XIX

No século XVIII, cidades mineiras a exemplo de Santa Luzia, São João del-Rei, Ouro Preto e Diamantina eram centros estratégicos para a distribuição do sal. Mais tarde, Formiga e Bom Despacho passaram a atender às cidades do caminho para Goiás Velho, com o sal proveniente da produção de Cabo Frio, no Rio de Janeiro. Esse sal mais barato possibilitou expansão e maior lucratividade dos comerciantes desse produto. Assim relata Tadeu Araújo, jornalista em Bom Despacho, cuja família fazia o comércio do sal com o Rio de Janeiro, de Paraty para parte do Centro de Minas e para o Triângulo Mineiro, abastecendo as cidades do entorno.

O sal foi essencial não só para a alimentação humana mas também para o desenvolvimento da agropecuária e do queijo. Seja obtido legalmente, seja por contrabando, ele possibilitou o desenvolvimento de vários núcleos produtores de queijo: região do Serro, Diamantina, Vertentes e Entre Serras. Além de ser usado para conservar o leite, o hábito de consumir queijo também era uma maneira de a população se alimentar do raro condimento. Com base no comércio de sal, é possível também reconhecer os principais caminhos de distribuição do comércio alimentar no estado, em razão de o produto ter promovido riqueza e intensificado a produção de outros gêneros alimentícios ofertados nas rotas distribuidoras de sal.

## Comércio e hospitalidade

*É muito comum associar o mineiro à sua hospitalidade.*

(ABDALA, 2006)

A localização de Minas Gerais no Brasil fez do estado um terreno de passagem, de comércio, de troca. Nesse cenário, receber bem as pessoas era vital, alimentar também. A cozinha mineira pouco a pouco fez história como um elemento fortalecedor dessa necessidade: a hospitalidade mineira nas fazendas, vilas e cidades bem como o excedente da produção dos quintais proporcionavam negócios, renda e boa fama. E essa herança ficou!

Em cada caminho, a cozinha tinha o mesmo fim: receber bem o visitante. No Norte, na divisa com a Bahia, pelo Vale do Jequitinhonha, chegavam prioritariamente carne salgada, fumo e gado, era o Caminho do São Francisco e ligava Sabará e Santa Luzia a Juazeiro, na Bahia. Ouro, diamante e cargas de alimentos iam de Sabará a Diamantina pelo Caminho dos Diamantes.

Desde 1709, Minas Gerais era ligada pelo Caminho Velho a São Paulo. Por essa estrada, a maioria do comércio era de gêneros vindos de Portugal: vinho, utensílios, tecidos e sal. À leste, estava o Espírito Santo e o antigo caminho até Vitória. Existem poucos relatos de comércio de alimentos nesse caminho no primeiro século do estado, mais tarde ele passou a ser o caminho do comércio de café, gado, embutidos e queijos. Em direção ao Rio de Janeiro, desenhou-se o Caminho Novo, estrada do escoamento do ouro, mais curto que o Caminho Velho por São Paulo. Por ele, chegavam visitantes da corte do Rio de Janeiro e o comércio de produtos e utensílios importados, principalmente da Europa. O sal também era o principal produto de comércio do caminho de Goiás Velho no Brasil Colônia.

Minas Gerais tem relevo montanhoso, terreno de difícil acesso nos primeiros anos do estado, mas isso não impediu o acesso a diversas riquezas em seus muitos caminhos. Daí a necessidade do pouso, de casas de hospedagem na época denominadas hospícios em arraiais, vilas e cidades. O visitante trazia e levava a riqueza, deixava as novidades e levava a saudade de uma hospitalidade criada pela necessidade de transporte de grande riqueza, em um território inicialmente isolado.

## Comércio e mineiridade com base nas cozinhas das Gerais

*Os sinos das tropas chegando ou partindo se ouviam desde a porteira. Na saída batia forte e devagar, na chegada era rápido e festivo. Na volta, o suor trazia o cheiro das novidades.*

(NILZA FAGUNDES – FAZENDA JACU/GUANHÃES)

O naturalista francês Auguste de Saint-Hilaire, que fez expedições pelo interior do Brasil na época colonial, assim descreveu o comércio feito em Minas Gerais, onde algum tipo de alimento sempre era um ponto importante:

> Seus comerciantes mantêm contato direto com o Rio de Janeiro e vendem no interior do sertão o sal, o ferro e outras mercadorias que mandam buscar na capital, recebendo em troca couros, peles de veado, algodão e gado. Os próprios arredores de Formiga fornecem uma boa quantidade de algodão, mas são os porcos, como eu já disse, que constituem a principal riqueza da região. Cria-se uma grande quantidade de suínos mesmo nas fazendas mais modestas, os quais são comprados pelos negociantes e enviados à capital do país (Saint-Hilaire, 1975c: 91).

As vendas montadas perto das casas da rua ou nas laterais das fazendas eram extensão de quintais, roças, cozinha e sala. Era usual o convite ao freguês para o café da tarde ou almoço, como nos relata D. Mariana Grabisch, de Santa Luzia, aos 85 anos: "Meu pai era comerciante, o avô dele também. Doces, sabão, verduras, ovos, linguiça, cachaça e biscoitos, tudo era feito lá em casa e ia para venda. Desde a época do meu avô, a casa estava sempre cheia de gente. Havia sempre panelas enormes, de modo que quem estava na venda, se quisesse entrar, era bem recebido e se servia à vontade".

# CAPÍTULO 3

# AS MÚLTIPLAS CULTURAS QUE COMPÕEM A COZINHA MINEIRA

## Formação cultural

A formação inicial de Minas Gerais ocorreu de modo bastante singular. Deu-se inicialmente em pleno espaço de grande transformação do mundo, a partir do século XVII: no fim do período das grandes navegações, no furor da ocupação das Américas, e início da Revolução Industrial, em pleno Iluminismo. Foi nesse quadro mundial que uma quantidade de ouro descomunal no sertão das Serras Gerais foi descoberta, fato que despontou no Brasil um novo cenário social.

Um cenário produtivo que, ao contrário da economia açucareira anterior, centralizada nos grandes engenhos, era dinâmico e criava oportunidades múltiplas de ascensão social. Isso provocou uma corrida populacional poucas vezes vista: estrangeiros de várias partes do mundo e brasileiros vindos de todos os lados participaram dessa corrida às minas do Brasil, no sertão das Gerais.

Além dessa corrida, a grande exploração mineral foi um fator incentivador da vinda da família real para o Brasil, o que favoreceu um rápido desenvolvimento econômico nas principais cidades do país e facilitou a defesa de suas gigantescas fronteiras. A exportação de divisas monetárias geradas pelas minas foi muito importante para financiar a revolução industrial e o desenvolvimento científico mundial, haja vista todo o processo de aprimoramento da metalurgia mundial, os acordos de pesquisa científica com França, Alemanha e África do Sul, entre outros países, fatos que apresentaram o Brasil e Minas Gerais ao mundo econômico e científico da época.

Por outro lado, esse período de crescimento inigualável criou a necessidade de mão de obra vinda de todos os lados, inclusive de pessoas escravizadas trazidas da África. Crescimento inigualável e dores inigualáveis: de maneira forçada ou não, indígenas, africanos, aventureiros estrangeiros, milhares deles, deram suas vidas para que o estado fosse o que é hoje.

## CULTURA INDÍGENA: A CULTURA DOS HABITANTES DA TERRA

As etnias que vivem atualmente no estado de Minas Gerais são pertencentes ao tronco linguístico Macro-Jê, Aranã, Catu Awá-Arachás, Kaxixó, Kiriri, Krenak, Maxacali, Mucuruñ, Pankararu, Pataxó Hã-Hã-Hãe, Puris, Tuxá, Xacriabá, Xukuru--Kariri, com população autodeclarada de 31.112 indígenas (IBGE, 2010). Atualmente, Minas Gerais tem 36.699 indígenas entre seus habitantes, o que significa um aumento de 18% em relação a 2010 (IBGE, 2022). De acordo com estudiosos, esse aumento vem ocorrendo em razão da migração de vários povos de outros estados para Minas Gerais (Macedo *apud* Faria, 2018, p. 371).

"Para os indígenas, o homem faz parte da natureza." Grande conhecimento sobre as espécies da terra foi um legado dos povos indígenas, assim como sobre peixes, plantas, tubérculos como a mandioca, técnicas como o churrasco e tipos de fermentação (Rabelo, 2018, p. 45). Além disso, outra evidência da contribuição dos indígenas para a cozinha está nos nomes dos pratos, como beiju, pamonha, mingau, paçoca, tapioca, palmeira, pirão e moqueca (Cascudo, 2011).

O açúcar não integrava seus hábitos alimentares. No entanto, eles usavam o calor para desidratar frutas, o que concentrava a frutose ou reduzia o amargor, fato que pode indicar a apreciação do sabor doce (Teodoro, 1987).

Já o sal era retirado dos próprios alimentos e, em casos mais extremos, das cinzas das madeiras ou das rochas salinas encontradas em alguns pontos de Minas Gerais.

Esse hábito indígena de quase não usar sal contribuiu para a formação de um paladar que não exigia o ingrediente. Os pratos à base de milho e de mandioca usualmente foram concebidos sem sal. O hábito indígena aliado à falta de sal em Minas foi estendido a pratos de outras origens, como o angu, de origem africana, que é consumido no estado até hoje sem tempero. De acordo com Cascudo (2011), no caso do Nordeste, apesar de essa região ter uma significativa produção de sal, o beiju, o cuscuz e outros pratos que também não tinham sal no período colonial denotam uma preferência local pelo paladar dos hábitos indígenas. Isso também pode justificar a ausência de sal em vários pratos da cozinha mineira.

Quanto às técnicas, são várias as contribuições vindas das muitas e diferentes etnias locais. São diversos modos de usar os produtos da terra, de pescar, de produzir utensílios de bambu e madeira e de fermentar (Cascudo, 2011), e muitas vezes não é possível fazer conclusões sobre as origens de todos.

## CULTURA OCIDENTAL

Os europeus, principalmente os portugueses, foram representantes de culturas milenares e legaram a nós, brasileiros, vindas das culturas que formaram todo o pensamento ocidental, a cultura ocidental. Eles trouxeram vários significados simbólicos do alimento, suas ligações com o sagrado e outros conceitos filosóficos aprendidos desde a Idade Antiga e a Idade Média. Assim, os elementos simbólicos da cultura ocidental europeia foram acrescidos à cultura mineira, principalmente por intermédio do catolicismo, religião portuguesa com profunda relação com a cozinha mineira, seja por herança técnica – várias aprimoradas em mosteiros portugueses –, seja pela prática ritual, em que o alimento assume o campo espiritual, como a cozinha das festas religiosas, o pão de Santo Antônio, o vinho do padre, entre outras.

Aportaram por aqui também plebeus, seculares e clérigos, religiosos de diversos institutos, muitos dos quais não têm no Brasil convento nem casa (Paula, 2018), que colaboraram com as técnicas de doceria, fermentação, entre outras. E também trabalhadores e artesãos que, no fim do período das navegações às Índias, buscavam o ouro do Brasil e traziam consigo o gosto por temperos e especiarias (Paula, 2018).

A maioria dos portugueses que chegou a Minas veio do Minho, no Norte de Portugal, região não ocupada pelos mulçumanos, onde a tradição agrícola e pecuária era mais evidente (Paula, 2018). No entanto, vieram também imigrantes de várias partes da Europa e do mundo, a exemplo dos cristãos novos, judeus, árabes, espanhóis, holandeses, que muito contribuíram com os hábitos alimentares em Minas (Abdala, 2004).

Foram várias nacionalidades em épocas distintas, com suas contribuições para a culinária: ciganos na região dos diamantes e do ouro (olho de sogra, quibe, tacho de cobre), ingleses na região mineradora, após o ouro de aluvião (chás e bolos de frutas – queca), italianos e alemães no pós-guerra (uso do trigo na panificação, nas massas, padarias, na doçaria, quitandas e confeitarias), chineses na construção das ferrovias (pastel chinês), franceses no teatro (na confeitaria e cozinha quente), japoneses (cultivo de frutas e cozinha fria). Em cada tempo, nova carga cultural aportava no estado (Primórdios, 2020).

Pode-se afirmar, portanto, que a formação cultural no estado é constante e contínua, impulsionada principalmente pelas guerras do mundo. A cada ciclo, novos produtos são adaptados à alimentação dos mineiros. Como exemplo, a fófa de rapadura (*pfefferkuchen*) em Teófilo Otoni, receita trazida pelos alemães no pós-guerra e que hoje é um dos símbolos daquela cidade (Primórdios, 2020).

## CULTURA AFRICANA

Os povos africanos já estavam acostumados ao clima dos trópicos, na lida com rebanhos em áreas extensas e como faiscadores de ouro. Embora escravizados, eles tiveram papel primordial na consolidação da cozinha típica, seja por meio da comida de rua, na doceria de tabuleiro – como retratou Debret no quadro "Negras cozinheiras vendedoras de angu" –, seja pelo desenvolvimento de outros quitutes. Formaram um elo entre os saberes indígenas, os próprios saberes e os do europeu, elemento importante da cozinha mineira, uma cozinha híbrida, dando amplitude técnica aos usos dos ingredientes locais (Pedrosa, 2020).

Comida de santo, comida de quilombo, cozinha garimpeira, doceria e quitandas: vertentes da cozinha africana na cozinha mineira. Nos quilombos em Minas Gerais e em comunidades como a da Lagoinha e a do Morro do Papagaio, em Belo Horizonte, as pesquisas do Programa Primórdios evidenciaram a produção histórica ligada ao povo africano, como é o caso da comida de santo e de rua e de vários preparos ainda não conhecidos fora desses ambientes (Primórdios, 2020).

No entanto, "a simples afirmação que a população mineira se formou pela interação de brancos, negros e índios não avança muito na construção do perfil da gente mineira" (Paula, 2018, p. 105). Há muito a se conhecer sobre a influência da raça negra na cozinha mineira. No século XVIII, registraram-se 381.893 pessoas pretas em Minas Gerais. Mas, diferentemente do Nordeste, Minas tinha uma sociedade estratificada em grupos menores. Na mineração, em que a propriedade de escravizados era regulada de maneira particular – cada dono de garimpo poderia ter cinco escravos –, isso possibilitava um maior controle. Diferentemente do grande número de escravizados de um senhor de engenho, essa "proximidade" ocasionava uma troca cultural mais intensa, a exemplo da linguagem, dos hábitos alimentares etc., o que não pressupunha uma boa relação, mas, sim, uma relação com maior troca de saberes e hábitos advindos das diferentes origens dos africanos que aqui chegaram (Paula, 2018). Fato registrado também por Dona Lucinha em suas pesquisas nas cozinhas garimpeiras do Serro, o que a fez afirmar no filme *As três Marias*: "a cozinha mineira é negra em sua origem". As pesquisas do Programa Primórdios também denotam essa realidade: às pretas pertencia o fogão a lenha. Elas sabiam transformar em iguaria ingredientes simples e muitas vezes descartados da chamada "boa mesa" (Primórdios, 2017).

É comum que as receitas em uso nos quilombos e nas comunidades apresentem alimentos deixados de lado no consumo do grande público. Assim nos conta D. Geni, do quilombo do Felipe: "Nós não comíamos carne durante a semana. No dia a dia, comíamos ossos com alguma beiradinha de carne, e era bom. Um prato era arroz com suã ou rabada." Hoje esses pratos são reconhecidos pela qualidade nutricional e pelo sabor, e podem ser encontrados em diversos restaurantes (Primórdios, 2020). Muitos dos descendentes dos povos africanos em Minas Gerais são grandes detentores dos saberes populares dos usos alimentícios e medicinais das plantas nativas, bem como de diversos preparos tradicionais da cultura alimentar de Minas Gerais (Primórdios, 2020).

É inegável a influência africana na cozinha mineira, o que fica evidente ao se analisar o remanescente da população africana nos quilombos de Minas Gerais. "Nos termos do Decreto Federal nº 4.887, de 2003, as comunidades quilombolas são grupos étnico-raciais – predominantemente constituídos pela população negra –, que se autodefinem a partir de trajetória histórica própria e de relações específicas com a terra, o parentesco, o território, as tradições e suas práticas culturais." (ALMG, 2007)

## A CULTURA BRASILEIRA EM MINAS GERAIS

"Minas Gerais é um fruto paulista, disse Mário de Andrade naquele formidável noturno de Belo Horizonte" (Paula, 2018, p. 100). Ao dizer isso, o escritor não mostra a complexidade da formação social das Minas e das Gerais (Pedrosa, 2020). "Minas começa brasileira, nordestina, paulista, carioca, sulista, indígena, portuguesa e africana." (Paula, 2018, p. 100)

O estado de Minas Gerais, concebido como unidade federativa, legitima-se com uma identidade própria mais tarde que outras partes do Brasil. No Nordeste, no Sul e em outros locais do Sudeste, já havia culturas alimentares instaladas. Geograficamente centralizada no Brasil, Minas Gerais recebe trânsito de mercadorias e hábitos de outros lugares que já tinham a cultura alimentar em aprimoramento.

Os paulistas foram as bandeiras mais atuantes. Trouxeram o milho, a banana e o porco salgado. Plantaram roças pelo caminho e povoaram vilas, quando iniciou o ciclo do ouro (Paula, 2018).

Já a corte carioca serviu de modelo para o "luxo" na região mineradora, com o uso de talheres, baixelas, os modos de servir refinados, em terra de homens rústicos. Replicados em bares e tabernas com seus pratos e bebidas locais, as músicas dos negros cariocas e o teatro inspiram um estilo mineiro. A corte foi também um grande mercado consumidor para os produtos alimentares de Minas Gerais (Avila, 1967). De Rio Grande do Sul a Taubaté (SP), de lá a Caeté (MG), os muares e o hábito da comida de chão chegaram às Minas e espalharam os hábitos alimentares dos tropeiros por todo canto do estado.

Uma mistura é o mineiro. A começar pelos nordestinos, que trouxeram o charque, o qual não teria chegado se não fosse a mula trazida do Sul do país, que aqui chegava montada por paulistas. O mestiço, cafuzo e mameluco, que come a jacuba, um café com farinha como se fosse uma refeição inteira; que chama um prato de cumê, que tem afeição ao burro e à mula (Pedrosa, 2020). Sem nos esquecer do papel da mulher, com sua postura de guardiã da casa e dos costumes da família, foi um forte elemento da criação e da preservação da cozinha mineira. Pelas mãos femininas, a mesa tornou-se o espaço de encontro de gerações, e nessa mesa cabe uma grande diversidade de produtos e origens vindas de muitos lados (Primórdios, 2020).

## CAPÍTULO 4

# INGREDIENTES ESSENCIAIS À COZINHA MINEIRA

## Águas de Minas Gerais e seus usos

- A qualidade da cozinha e da gastronomia mineiras refletem a condição especial de que o estado é detentor de um dos maiores aquíferos subterrâneos do mundo.

- A água é essencial para um alimento saudável. É usada na higienização tanto do ambiente quanto dos utensílios, processo que prevê dois passos importantes, seja para enxágue, seja para diluição das soluções de desinfecção. Além disso, trata-se de um dos insumos comuns a todas as receitas, incorporada à preparação ou para início e finalização de todos os processos que envolvem a execução do preparo. Deve-se sempre atentar para que a água seja pura e livre de contaminantes para uso das cadeias produtivas.

- Bebida em ascensão, a produção de cerveja também traz particularidades quanto à água, tanto por esta representar o principal ingrediente quanto por determinar o tipo de produto a ser produzido em função da salinidade. Cervejas claras são produzidas com água de baixo teor de cálcio, também conhecidas por água leve. Já para a fabricação das cervejas amargas são utilizadas águas ricas em sais minerais, ou seja, água pesada. Isso significa que a base das cervejas é a água com características especiais, denominada água cervejeira.

- O desenvolvimento satisfatório de hortas, produções agrícolas e pecuária é influenciado diretamente pelas condições de umidade do solo e do ar. Até mesmo em regiões consideradas úmidas, a inexistência de água de qualidade influencia diretamente na produção e no resultado dos insumos gastronômicos. Em quantidade e frequência satisfatórias para atender às necessidades particulares de cada planta, a água de rega é indispensável e determinante na quantidade e qualidade dos frutos.

- Para a confecção de doces em calda, inicia-se em um tacho com água em fervura e açúcar até que se alcance o ponto ideal, normalmente considerado ponto de cabelo. Isso possibilita manipular e moldar a calda.

- A grande quantidade de água livre presente em carnes e vísceras determina a alta perecibilidade, que exige cuidados maiores quanto ao tempo dos processos de manipulação e a temperaturas de armazenamento.

- Como já citado, no universo dos queijos, a água é fundamental: influencia na formação das pastagens e na saúde dos animais. É fator determinante para a produção e a qualidade dos queijos de leite cru no estado e fundamental na produção e higienização da queijaria.

- A força da água também contribui para a transformação de grãos em farinhas por intermédio do moinho d'água, instrumento inventado no Oriente Mediterrâneo.

- As águas minerais brasileiras são classificadas de acordo com o Código de Águas Minerais, Decreto-Lei de 1945. São definidas como potáveis as próprias para consumo humano, com características microbiológicas, físicas, químicas e radioativas que atendam a um padrão de potabilidade estabelecido, sejam inodoras, sejam incolor ou de sabor agradável.

- As águas como bebida qualificada são denominadas águas minerais e podem ser naturais ou potáveis de mesa. As águas naturais são consideradas soluções simples que contêm substâncias sólidas e gasosas provenientes de chuva, sereno, neve, gelo, lagoas, mares e vertentes. Caracterizam-se pelo conteúdo definido e constante de determinados sais minerais, oligoelementos e outros constituintes, considerando as flutuações naturais. Já as águas potáveis de mesa são "as águas de composição normal provenientes de fontes naturais ou de fontes artificialmente captadas, que preencham tão somente as condições de potabilidade para a região".

- A água é também amplamente conhecida pela capacidade de dissolver substâncias e pela plasticidade, ao se apresentar em três estados físicos: líquido, sólido e gasoso.

- Ao se adicionar sal ou açúcar à água, promovem-se alterações estruturais em sua molécula, o que ocasiona impacto em suas propriedades físicas. Exemplo disso é a prática de acrescentar sal ao gelo para resfriar bebidas – o processo torna-se mais rápido e eficiente – ou até mesmo adicionar açúcar à água de cozimento – o processo torna-se mais lento e demanda mais calor para atingir fervura.

- Sabe-se, hoje, que até a mais pura das águas contém outros elementos além de hidrogênio e oxigênio. Para aprimorar quaisquer processos técnicos de uma cozinha, é condição primária entender o uso da água. Exemplo importante do aprimoramento dos produtos gastronômicos por meio do uso adequado da água é o preparo de cafés e chás, ambos importantes na cozinha mineira.

## O sal como ingrediente na cozinha mineira

O uso do sal em comidas salgadas e doces é herança dos colonos portugueses, já que os nativos indígenas e os africanos não tinham esse hábito (Martius, 1939). O potencial do sal como conservante e saborizador de alimentos tem história curiosa no estado, como o caso das quitandas, nas quais ele é usado para realçar tanto o sabor doce quanto o sabor salgado (Pedrosa, 2019). Em biscoitos, é usado para dar crocância; em pães, para controlar a fermentação (Aditivos e Ingredientes, 2019).

Nas carnes e embutidos da charcutaria mineira, o sal tem papel primordial nos processos técnicos de produção e conservação artesanal (Aditivos e Ingredientes, 2019). O sal para o produto artesanal é um importante agente de conservação, desidratação e amolecimento (Aditivos e Ingredientes, 2019).

A salmoura é uma forma de conservação com grande influência na cozinha mineira. É usada em pimentas, picles de legumes, conservas de queijos como muçarelas, preparos muito difundidos e apreciados (Pedrosa, 2019).

O sal é muito presente nos queijos artesanais. Na fabricação, o queijo é salgado duas vezes para protegê-lo contra microrganismos indesejáveis e acentuar o sabor (Iphan, 2008). A maior parte do sal consumido pelos mineiros vinha, além da carne salgada, do queijo, alimento, portanto, essencial na dieta do mineiro, que não tinha a todo momento o sal puro disponível para consumo imediato.

A falta do sal foi determinante como fator de desenvolvimento econômico do estado por ser um elemento importante na consolidação das rotas comerciais, para distribuição e intercâmbio do produto alimentar mineiro em um estado de dimensão ampliada. Adicionalmente, por influenciar um sabor diferenciado na cozinha mineira quando, na falta dele, ampliou-se o uso de ervas e pimentas aromáticas em sua substituição. Isso fez com que a cozinha mineira ganhasse uma intensidade de aromas e que se criassem os temperos mineiros, triturados em pilão (Pedrosa, 2019).

## TIPOS DE SAL E SEUS USOS

Uma das funções do sal é aumentar o sabor. Há uma ampla variedade de sais, mas eles se enquadram em quatro categorias básicas, todas com uso especial na cozinha mineira.

O sal kosher ou sal grosso é mais grosso que o sal de cozinha. Por remover rapidamente o sangue, é utilizado para preparar carnes. Pelo mesmo motivo, é usado também na comida kosher judaica, em cujas carnes se deseja não encontrar vestígios de sangue. Esse tipo de sal se dissolve mais lentamente. Em pratos tradicionais, ele é usado para conservar, por exemplo, o sangue do frango ao molho pardo e de chouriços suínos.

O sal de cozinha ou sal refinado é o mais usado nas cozinhas por ter melhor preço. Deve ter em sua composição 97,5 mg de cloreto de sódio e até 2,5 mg de outros minerais e antiaglutinantes. É encontrado com ou sem iodo e se dissolve rapidamente. Nessa categoria, também se enquadra o sal modificado, com baixo teor de sódio, para dietas especiais.

O sal de rocha, popularmente conhecido por sal mineral, é um sal grosso e não refinado que geralmente contém impurezas não comestíveis, usado no trato de animais e em outras funções agrícolas e industriais.

O sal marinho ou flor de sal não é tão processado quanto o sal de cozinha, por isso os microminerais que poderiam ser perdidos na refinação são preservados. Por essa razão, é também o mais caro deles, pois é colhido pela raspagem manual das superfícies dos "lagos" de evaporação. Pode ser fino, grosso ou em flocos e ter várias tonalidades: rosa, cinza, branco, preto ou cores mistas. É usado em preparos diversos, decoração e acabamento de pratos, e contemporaneamente é recomendado para dietas especiais.

## GORDURAS ESPECIAIS DA COZINHA MINEIRA

As gorduras são agentes saborizadores universais. Minas Gerais recebeu esse legado de culturas diversas e o incorporou como produto e diferencial no sabor da cozinha mineira, utilizando gorduras de fontes animais e vegetais.

O hábito de usá-las como saborizador especial não veio apenas da cultura ocidental, já que os indígenas brasileiros também usavam gorduras da terra. O antigo hábito indígena de utilizar a gordura do bicho-da-taquara em preparos culinários ou o azeite de mamona para fins medicinais foi incorporada pelos mineiros aos alimentos, a exemplo da cura dos queijos feita na região do Entre Serras, da Piedade ao Caraça, os quais eram conservados por meio do uso de azeite de mamona. Outro azeite comum, principalmente nas comunidades quilombolas, é o azeite do coco macaúba em substituição ao azeite de oliva durante o período colonial até os dias de hoje, o que nos mostra a importância do uso dessas gorduras na cozinha mineira (Priore, 2016). O azeite de abacate é mais moderno e hoje é amplamente utilizado no estado.

### *Gorduras animais*

Minas apresenta grande variedade de usos das gorduras animais, de qualidade singular. Dos bovinos, as manteigas, *in natura* ou clarificadas. Do porco, a banha, em diversas versões de toucinho e redanho usadas em processos distintos, como no redanho cru do biscoito de banha crua, da cidade de Bom Despacho. Dos peixes, a gordura abaixo do couro são os óleos saborizadores das peixadas e dos peixes assados. Das galinhas, a gordura para os caldos, torresmos, galinhadas, canjas e galo ao pé; nas quitandas, a manteiga, a banha ou o creme de leite caracterizam sabores distintos aos preparos mineiros (Rabêlo, 2018).

### *Gorduras vegetais em ascensão no estado*

Mata Atlântica, Cerrado, Campos de Altitude ou Rupestres, Caatinga e Mata Seca. A diversidade desses biomas oferece grande variedade de vegetais que produzem boas gorduras. Pode-se citar o azeite dos olivais do sul de Minas, o óleo de pequi do norte de Minas, o óleo de coco, o azeite de abacate ou macaúba, além de outras castanhas, cujo uso é bem determinado para intensificar o sabor de pratos distintos ou para dietas especiais (Pedrosa, 2020).

## CAPÍTULO 5

# ELEMENTOS DA DIFUSÃO E VALORIZAÇÃO DA COZINHA MINEIRA

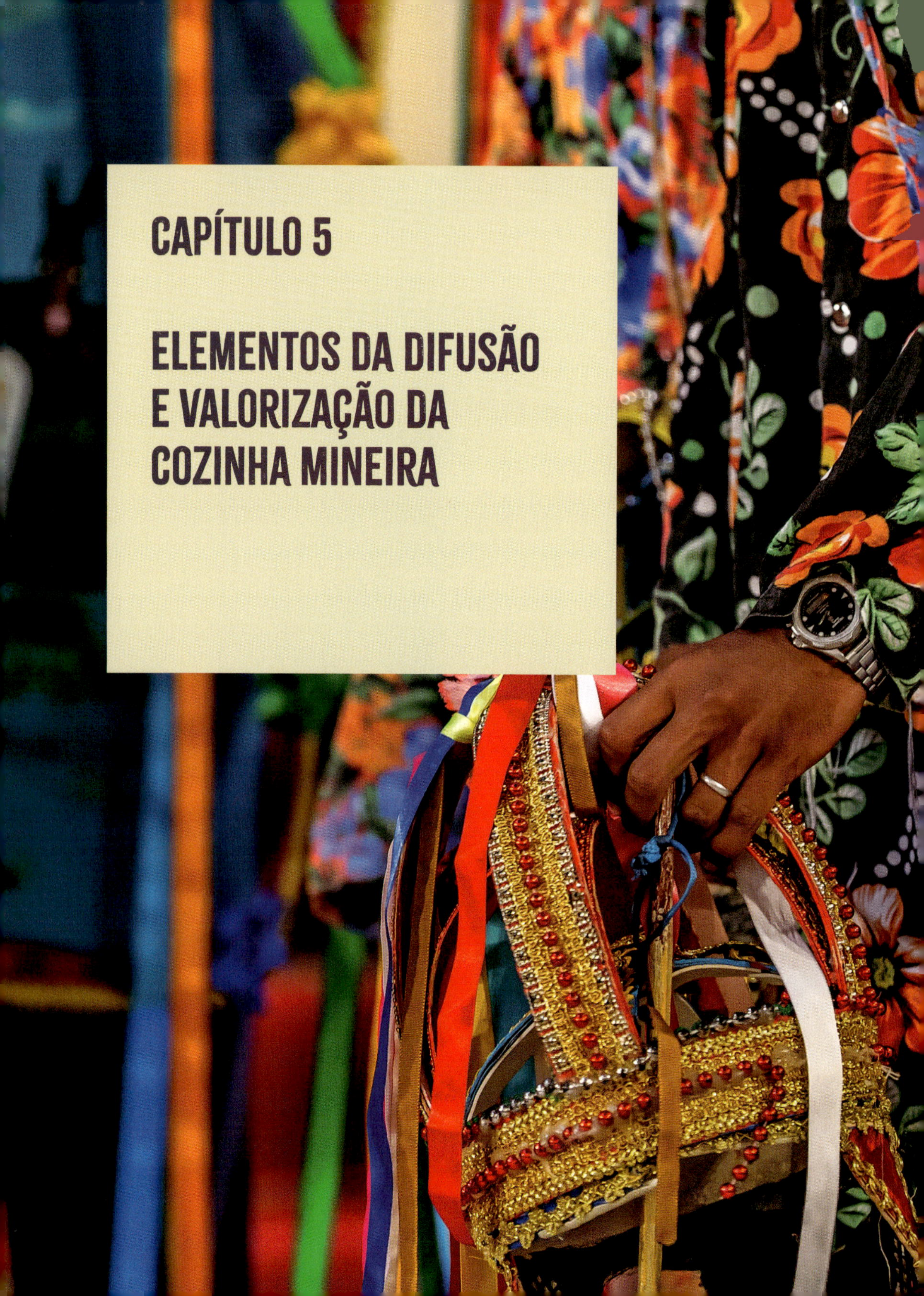

Como instrumentos eficientes da difusão cultural da cozinha mineira para os 853 municípios do estado, podemos citar as festas populares, religiosas e folclóricas. Elas favorecem a transmissão das sólidas tradições religiosas e culturais. Essa difusão se propaga por meio da transmissão tradicional de pais para filhos e levam consigo hábitos alimentares, vivências e rituais, que formam memórias, identificam e estabilizam o modo de vida do lugar.

## Festas religiosas, folclóricas e populares

O poder da cultura para a difusão de práticas alimentares é notório em todo o mundo. E não poderia ser diferente em Minas Gerais: festas típicas, eventos tradicionais, festas religiosas, romarias e casamentos tiveram ampla capacidade de difusão do modo de vida em Minas e de suas receitas e comidas típicas. A exemplo da Serra da Piedade e o Santuário do Caraça, nos santuários religiosos do estado há registros documentais detalhados sobre esse importante modelo de difusão da cozinha mineira, por meio das romarias e comemorações (Primórdios, 2020).

Elementos de culturas de povos, como africanos e outras origens, também foram transmitidos desse mesmo modo: festas religiosas, demonstrações culturais africanas com a cozinha de santo, Festa do Reinado com a cozinha de reinado, além de outros temas que reforçam o nicho da religiosidade na difusão dos hábitos alimentares do estado.

## Eventos culturais e gastronômicos

Já os eventos de gastronomia, como os festivais, são uma proposta contemporânea que unem cultura, diversão e fomento da cadeia produtiva alimentar local. Ocorrem centenas de festivais gastronômicos no estado, e alguns são reconhecidos também além das divisas estaduais, como Fartura – Festival de Cultura e Gastronomia de Tiradentes; Comida di Buteco e Feira Aproxima.

## Outros elementos de valorização da cozinha mineira

Esses são alguns dos fatores mais fortes no reconhecimento da cultura alimentar mineira. Lugares, pessoas e produtos são eternizados por meio de um produto de sucesso e se tornam negócios prósperos, intensificando o ciclo da transmissão de saberes tradicionais familiares.

As indicações de procedência são um reconhecimento da ligação entre o produto e o meio, assim como os registros de produtos como bens imateriais são um reconhecimento e uma promoção da salvaguarda desse produto como um valor cultural do lugar. Por exemplo, o registro de uma região produtora de Queijo Minas Artesanal (QMA) reconhece o modo de fazer queijo e proporciona acesso a um mercado rentável do produto. Além de promoverem produtores maiores, todos esses títulos atendem também à produção familiar, o que proporciona melhorias técnicas do produto e maior renda também para os produtores familiares. Segundo a Empresa de Assistência Técnica e Extensão Rural do Estado de Minas Gerais (Emater), Minas é a terceira maior agricultura familiar do país (Emater, 2020).

Desde sua fundação, o Senac MG apoia e capacita pessoas para fortalecer a cozinha mineira como agente de desenvolvimento econômico do estado, por meio da qualificação de empreendedores dos setores de bens, serviços e turismo. O Programa Primórdios da Cozinha Mineira tem como um dos objetivos o aprimoramento técnico das formas de uso dos produtos de origem do estado, visando o fortalecimento da geração de renda familiar e o desenvolvimento regional por meio da gastronomia.

## PROCESSOS PARA RECONHECIMENTO E SALVAGUARDA DE PRODUTOS E SERVIÇOS DE ORIGEM TERRITORIAL

***Indicação geográfica (IG)***

Delimita a ligação única entre o produto e seu meio, de modo que a produção define características diferenciadas aos produtos. O órgão responsável é o Instituto Nacional da Propriedade Industrial (Inpi).

***Denominação de origem (DO)***

Nome geográfico de país, cidade, região ou localidade que designa produto ou serviço, cujas qualidades ou características se devem exclusiva ou essencialmente ao meio geográfico, incluindo fatores naturais e humanos. O órgão responsável é o Instituto Nacional da Propriedade Industrial (Inpi).

***Indicação de procedência (IP)***

Nome geográfico de país, cidade, região ou localidade que se tenha tornado conhecido como centro de extração, produção ou fabricação de determinado produto ou serviço. O órgão responsável é o Instituto Nacional da Propriedade Industrial (Inpi).

***Registro de bens culturais de natureza imaterial***

Instrumento legal de preservação e salvaguarda para reconhecimento e valorização do patrimônio cultural e imaterial brasileiro. O órgão responsável é o Instituto do Patrimônio Histórico e Artístico Nacional (Iphan).

***Reconhecimento de microrregião produtora do Queijo Minas Artesanal (QMA)***

Reconhece o processo de fabricação do Queijo Minas Artesanal. Para isso, analisa a história, a economia, a cultura, o clima e outros dados técnicos do município ou território. Os órgãos responsáveis são Seapa e Emater.

## OUTROS TIPOS DE REGISTRO

Para salvaguarda de produtos e saberes, existem diversos registros a cargo do estado e dos municípios, com participação dos órgãos de patrimônio. O Iepha, por exemplo, atua na patrimonialização da cozinha mineira, cuja fase inicial foi inaugurada em 2023 por meio do inventário das farinhas de milho e mandioca, bases importantes da alimentação no estado.

## PREMIAÇÕES

Nos últimos anos, intensificaram-se as participações em concursos com produtos alimentares do estado: vinhos, azeites, queijos, doces e quitandas. Cada vez mais as premiações agregam valor à marca alimentar Minas, nas Minas e nas Gerais.

## PRODUTOS DE ORIGEM: IDENTIDADE TERRITORIAL GLOBALIZADA

Os produtos de origem são instrumentos eficientes de difusão cultural e econômica que contam a história alimentar de Minas e representam a preservação da memória. A identidade territorial é um dos fatores mais fortes na preservação da cultura alimentar mineira. Lugares, pessoas e produtos são eternizados por meio de um produto de sucesso e se tornam negócios prósperos, intensificando o ciclo da transmissão de saberes tradicionais familiares.

Produto local, a tradição alimentar pode um dia produzir um produto global em escala. Mesmo um produto não mais existente pode ser transformado em um produto de origem local por meio de um processo de resgate. Isso ocorreu com o Queijo Minas Artesanal da microrregião Entre Serras, da Piedade ao Caraça.

# CAPÍTULO 6

# FORMAÇÃO DO GOSTO

## Cozinha mineira e seu gosto

Existe um gatilho fisiológico que revela e evoca memórias e situações inerentes a cada indivíduo no reconhecimento de uma cozinha ou preparo? A resposta a essa pergunta é sim, existe! Os elementos apresentados nas páginas deste livro não descrevem essa cozinha de maneira isolada, mas é o conjunto deles, aliado a espaços temporais distintos e a técnicas específicas, o responsável pela formação da cozinha mineira. Esse conjunto de elementos construiu a cozinha na medida em que foi aceito pelos grupos sociais no estado, reconhecedor do gosto da cozinha criada nos mais de trezentos anos de Minas Gerais.

A palavra "gosto" é a que mais representa o resultado criado por esse conjunto de fatores, responsáveis por favorecer a identidade da cozinha mineira com seu povo e lugar. Ela representa tudo aquilo de que o mineiro gosta ao se referir a sua cozinha e que, por gostar, aprimora e faz crescer como cultura alimentar do estado.

O gosto é a cozinha mineira reconhecida na vivência de cada um. É ele que promove a memória e cria o desejo de renovar a tradição. Inovações que não se alinham às tradições não se estabelecem. Consciente disso, a cozinha mineira cada vez mais se esforça para resgatar e preservar a cozinha de origem ao mesmo tempo que a apresenta de maneira contemporânea. Uma cozinha sem a memória do próprio gosto simplesmente não existe. O aperfeiçoamento técnico e o uso de novas tecnologias produtivas não são elementos concorrentes da cozinha tradicional; ao contrário do óbvio, esses aprimoramentos não são capazes de deteriorar uma cozinha de tradição reconhecida, pois são elementos vitais de atualização e preservação da memória do gosto das futuras gerações para com sua cozinha e origem. Isso ocorreu naturalmente na cozinha mineira. Fato que hoje, no século XXI, continua a ocorrer quando a cozinha mineira reconhece e abraça, para a própria sobrevivência e o próprio crescimento, sua cozinha contemporânea, nascida de sua cozinha de origem.

Por outro lado, o gosto também pode ser considerado um instrumento de aprimoramento da cozinha: "fórmula técnica de estudo para harmonizações" para fomento de novas combinações e de uma cadeia produtiva cada vez mais ampla, virtuosa e dinâmica sempre mais praticada pela cozinha mineira contemporânea. Com base nesse aspecto do gosto, a segunda parte deste livro discorrerá sobre as técnicas usadas para tratar produtos (ingredientes) semelhantes, contrastantes ou complementares na criação de pratos contemporâneos na cozinha mineira do século XXI, sem, contudo, perder o diferencial tradicional que a sustenta. Um desafio e tanto, mas nada tão grande que a cozinha mineira não tenha feito até aqui.

## Gosto

Sensação originada pelo estímulo do sistema gustativo, correspondente ao termo e a suas cargas de cultura, memória e hábitos de uso. É a complexa relação entre paladar e sabor na vida humana que forma a sensação do gosto (Palazzo *et al.*, 2019).

## Elementos que definem o gosto

***Paladar***

Reconhecimento dos alimentos por meio do equipamento sensorial: doce, salgado, ácido, amargo, umami e gorduroso.

***Sabor***

Percepção originada e interpretada pela combinação do estímulo dos vários sistemas sensoriais componentes do paladar.

***Gosto versus Paladar***

No que diz respeito à comida, o gosto pode ser confundido com paladar; no entanto, a palavra "paladar" foi empregada para definir todo o equipamento utilizado na percepção sensorial dos alimentos. Já gosto se refere à escolha que reflete um conjunto de elementos no consumo de um determinado paladar (Guerrero, 2007).

## Elementos que influenciam na memória social do gosto

***Ingrediente***

O ingrediente como o insumo tem influência direta na formação do gosto. O insumo que não é conhecido não forma adeptos para a formação do gosto e uso (Guerrero, 2007).

***Apetite ou fome***

Influência relevante na ligação entre o alimento e o comensal (Guerrero, 2007).

***Fisiologia***

Influência de acordo com as condições fisiológicas e nutricionais do comensal: condições dietéticas, alimentares etc. (Guerrero, 2007).

***Memórias e heranças culturais***

Influências externas e internas dos povos, com seus hábitos e tradições (Guerrero, 2007).

***Atitudes***

Influências de uma época, como religião, guerra, economia, necessidade etc. (Guerrero, 2007), ou, ainda, do progresso da civilização (Montanari *apud* Collaço, 2008).

***Ambiente (território)***

Elementos físicos, geográficos, ingredientes locais. Embora não seja determinante, o ambiente influencia, pois uma cozinha pode existir fora dele ou sem alguns desses elementos (Guerrero, 2007).

# PARTE II

## PROGRAMA PRIMÓRDIOS DA COZINHA MINEIRA

De acordo com os elementos dos capítulos anteriores, a cozinha mineira é evidenciada como um conjunto alimentar característico de um grupo social em um território, fato descrito inicialmente por naturalistas e pesquisadores estrangeiros que visitaram o estado em seus primeiros séculos. Mais tarde, houve outros registros, como os do escritor mineiro Eduardo Frieiro e a seleção de receitas "garimpadas" nas fazendas mineiras por Maria Stella Libânio Christo, publicadas no livro *Fogão de lenha*, em 1970.

Mesmo com todos esses registros, uma lacuna ainda estava aberta: cozinha mineira seria todo esse amplo conjunto alimentar vivo e mutável ou apenas seus pratos típicos? Seria mesmo a cozinha mineira uma "cozinha caipira" articulada pelo estado como identidade local? Ela está em extinção? Poderia ser fortalecida e ampliada em suas bases de origem?

Parece-nos viável que a resposta a todas essas questões esteja no ponto em que nasce a cozinha: na simples relação entre cozinheiro, ingrediente e panela, relação que descortina toda uma cadeia produtiva complexa, viva, capaz de se mover nas próprias bases em um processo evolutivo estrutural, integrativo, humano e cultural, mas acima de tudo técnico. É esse tema que o próximo capítulo apresenta.

Em 2015, aliada à cadeia produtiva alimentar do estado, a cozinha mineira tornou-se uma metodologia de desenvolvimento regional pela gastronomia: Programa Primórdios da Cozinha Mineira do Senac MG. Trata-se de um programa de pesquisa e aprimoramento técnico para fortalecimento e transmissão de saberes pela escola de cozinha do Senac MG.

## Primórdios da Cozinha Mineira

O quintal do Santuário do Caraça[2] tem mais de 240 anos de relação com a cozinha mineira. Nele nasceu o Programa Primórdios da Cozinha Mineira. Primórdios significa "aquilo que se organiza primeiro; origem, princípio" (Houaiss, 2009). Já a palavra "dieta", que hoje pode designar regime alimentar, para os gregos antigos significava maneira de viver, referente ao conjunto de hábitos do corpo e do espírito, aos gostos e aos costumes de regiões ou grupos étnicos, religiosos, com relação especialmente ao tipo de alimentação ou aos preceitos alimentares característicos e à habitação (Houaiss, 2019).

Com base nesses conceitos, infere-se que, para a valorização cultural e a formação da identidade de uma sociedade, é necessário conhecer, investigar e "resgatar" sua maneira de viver. Para esse fim, nada é tão eficaz quanto o alimento, que sintetiza a vida do homem em seu ambiente e com seus saberes. Como afirma Renteria (2016):

> (...) a comida varia de lugar para lugar, de uma condição social para outra, e como qualquer um de nós pode verificar, mesmo em períodos de alguns anos, no tempo. E esta é uma constatação que não deixa de surpreender se levarmos em conta que, em nossa maneira de viver, é na escolha do que comemos que nos mostramos a nós mesmos e aos outros, desvendando nossos hábitos, preferências e modo de vida.

Para conhecer a relação entre os habitantes, os alimentos e a cozinha do estado de Minas Gerais desde o século XVIII até os dias atuais, com base em uma demanda específica do Santuário do Caraça, em 2015 iniciou-se o Programa Primórdios da Cozinha Mineira. O programa originou-se no território denominado Entre Serras, da Piedade ao Caraça, que compreendia nessa época as cidades de Catas Altas, Santa Bárbara, Barão de Cocais e Caeté.

---

2 Construído no fim do ciclo do ouro, em 1774, inicialmente o Caraça foi hospedaria, depois seminário e mais tarde importante colégio. Hoje, compreende uma reserva particular do patrimônio natural (RPPN) de 11.200 $m^2$, que manteve suas construções originais, como a biblioteca, a igreja neogótica, as casas de hospedagem, restaurantes, cantina e a fazenda do engenho, esta última responsável por produzir vários dos alimentos consumidos em todo o complexo do Santuário (Pedrosa, 2017).

Monumento vivo da história do estado de Minas Gerais e modelo educacional, o Caraça nasceu como hospedaria, foi seminário, colégio vicentino e atualmente é um complexo turístico e de preservação natural, cultural e artística. Fez-se presente no processo de formação social do estado de Minas Gerais e, sobretudo, de seu entorno, onde ocorreram as mudanças econômicas, sociais e culturais iniciadas no ciclo do ouro. Nesse período, o Santuário teve forte influência educacional, durante seus mais de 240 anos de existência, desde a fase inicial da formação da província de Minas Gerais.

A escolha do local para o projeto, então, é icônica como espaço de pesquisa por representar o período da formação aventureira de Minas – de entradas, bandeiras e de minerador por excelência – e no qual a região busca, por meio da educação, ser reconhecida como território familiar. Outro fator para a escolha do local é a riqueza de informações de seu acervo de livros e documentos e seu modelo alimentar original. Esse acervo de livros técnicos para produção alimentar existe desde os primeiros anos do Santuário, quando, de seu quintal, originava toda a alimentação do Caraça.

## Nove pilares do Programa Primórdios da Cozinha Mineira no Santuário do Caraça

O Programa Primórdios da Cozinha Mineira iniciou com a identificação dos pilares que compunham a alimentação do Santuário do Caraça, como se desenvolveram, sua importância histórica e necessidade de restauração. Esse projeto foi gerido por Pe. Lauro Palú, diretor-geral, e Pe. Luís Carlos do Vale, diretor-administrativo do Santuário do Caraça, com pesquisa de Vani Maria Fonseca Pedrosa. Os resultados justificam o uso dos nove pilares como modelo de alimentação histórica do Santuário do Caraça bem como de identidade para a cadeia produtiva da alimentação de origem de Minas Gerais. O apoio científico das unidades produtivas do Caraça veio de instituições convidadas, de acordo com suas expertises técnicas: Emater, Universidade Federal de Viçosa (UFV) e Senac MG.

## Nove Pilares do Programa Primórdios da Cozinha Mineira no Senac MG

Após a restauração das nove unidades produtivas de alimentos no Santuário do Caraça, desvendou-se um relevante acervo da cultura alimentar do estado preservado por 243 anos. Houve, então, a necessidade de continuar as investigações e difundir os conhecimentos históricos sobre esse modelo alimentar para as populações do entorno, de certo modo detentoras dessa herança, pela ligação territorial, afetiva e histórica com o Santuário. Com o objetivo de propagar conhecimento e conscientizar sobre os produtos históricos e o potencial de uso desse modelo para o fomento da cozinha e da gastronomia local, houve a difusão dessa sistematização e a confirmação da existência desses pilares no território, por meio de investigação comparativa e trabalho em seminários locais. Em poucos anos, isso favoreceu o incremento do turismo e dos negócios gastronômicos do território.

Posteriormente ao processo de difusão e reconhecimento, evidenciou-se a necessidade de sistematizar o modelo alimentar para uso comparativo com outros territórios do Santuário do Caraça. Por meio de publicações com alunos e professores do curso de Gastronomia do Senac MG, concluiu-se que os nove pilares poderiam funcionar como modelo e metodologia de organização de cadeias produtivas da gastronomia, de modo autóctone principalmente pelo tipo de ocupação populacional do estado, ligada aos ciclos do desenvolvimento econômico e social ocorridos ao longo dos anos. O Senac MG, então, criou um modelo replicável de desenvolvimento econômico por meio da história alimentar local, e o Projeto Primórdios nasceu, cresceu e transformou-se no Programa Primórdios da Cozinha Mineira.

Como sequência desse processo, em 2015 foi iniciada uma parceria entre o Santuário do Caraça e o Senac MG com o objetivo de sintetizar o campo de atuação dos pilares, conforme abrangência de cada um deles e com referência à cozinha e à gastronomia mineiras (Tabela 1).

**Tabela 1**
**PILARES DO PROGRAMA PRIMÓRDIOS DA COZINHA MINEIRA**
**Modelo produtivo do Caraça**

| Pilar | Nome | Descrição |
|---|---|---|
| I | Técnicas, utensílios, ambientes e serviços | É representado por processos e técnicas de produção e preparo do alimento, cozimento, como a do fogão, da fornalha e de fornos, cultivos agrícolas e pastoris, técnica de produção de bebidas fermentadas, óleos e pães, criação de utensílios de produção e ambiente de serviço. Essas técnicas são consideradas agentes do desenvolvimento histórico das sociedades humanas (Montanari, 2013). |
| II | Receitas | É representado pelas diferentes formas de preparar e servir os alimentos, desde os primórdios até a contemporaneidade. Considerado o pilar de integração entre a ação do homem, a técnica e o alimento, afinal a receita cria um alimento e um novo gosto (Fonseca, 2017). "A descoberta de uma nova receita faz mais para a humanidade que a descoberta de uma nova estrela." (Savarin, 1953) |
| III | Horta tradicional | É representado pelos alimentos que fazem a conexão primária entre o homem e a terra. O pilar no Caraça denominou-se histórico porque lá foram identificadas várias verduras usadas pelos primeiros habitantes de Minas Gerais, descritas pelo naturalista francês Auguste de Saint-Hilaire em 1816 e representantes do vínculo afetivo da ação humana com a terra (Fonseca, 2017). |
| IV | Pomar tradicional | É representado também por alimentos que fazem a conexão entre a terra e o homem. O que impressionou Saint-Hilaire no pomar do Caraça foi a qualidade do microclima local, onde conviviam frutas de clima temperado (europeias) com outras de clima tropical. |

| | | |
|---|---|---|
| **V** | Carnes e derivados de animais | É representado pelas diferentes carnes dos animais criados no Caraça, que em dias especiais eram usados na alimentação local. Entre os derivados de animais, mel e ovos integram o rol (Salles, 1993). |
| **VI** | Farinhas, grãos, quitandas e pães | É representado pela transformação de grãos, como milho, mandioca, batata-doce e inhame, em farinhas que substituíam ou complementavam a escassa farinha de trigo, grão dos dias de festa. Um exemplo é o brocojó, pão de trigo dos dias de festa no Caraça (Baptista, 2016). |
| **VII** | Leiteria e derivados do leite | É representado pelos produtos derivados do leite dos bovinos, caprinos e ovinos, além da produção de queijo e de manteiga, a qual foi registrada pelos naturalistas Spix e Martius, durante visita ao Caraça no século XVIII (Spix; Martius, 1976). |
| **VIII** | Doceria | É representado pela transformação da cana em rapadura ou açúcar. Estes, usados com processos diversos, na maioria vindos das técnicas das caldas da doçaria conventual, e acrescidos de frutas, legumes, laticínios, farinhas e castanhas locais, transformavam-se em doces utilizados como complemento alimentar após as refeições (Christo, 1979 *apud* Antonil, 1711). |
| **IX** | Bebidas | É representado pelas bebidas alcoólicas e não alcoólicas utilizadas em diferentes tipos de refeições e ocasiões de uma época. A utilização das bebidas sempre foi um destaque no hábito cultural dos cidadãos do estado de Minas Gerais.<br><br>No século XVIII, Minas Gerais foi conhecida como produtora de chá preto para exportação e de vinho e cachaça para consumo interno. No Caraça, encontra-se o histórico de todas essas produções de bebidas, além da cerveja, usada para acompanhar refeições com o vinho (Salles, 1993). |

Ao criar essa sistematização, o Senac MG elaborou uma metodologia aplicada em dois eixos: primeiro, pesquisa e extensão científica para o desenvolvimento, o aprimoramento e o registro técnico da cozinha mineira; segundo, promoção do desenvolvimento regional e cultural do território por meio da gastronomia. Essa metodologia, que não é objeto principal deste livro, é composta de um conjunto de métodos e ações distribuídas em fases distintas, nas quais o Senac MG atua como agente educacional, formador e aglutinador das complexas relações que envolvem o alimento: insumo, técnica de produção, mercado, sociedade. Por meio do programa e desse elemento cultural que é a cozinha, o alimento torna-se um item eficiente para a valorização da cozinha mineira bem como para o desenvolvimento econômico e social.

Como resultado da pesquisa, identificaram-se nove pilares, dois classificados como horizontais e sete como verticais. Os horizontais diferenciam um modo de fazer, denotando a paisagem cultural em que estão inseridos, como um hábito ou construção que o diferencia no resultado. São eles: primeiramente Técnicas, utensílios, ambientes e serviços; e seus registros representados pelas Receitas: tradicionais e contemporâneas.

Os pilares verticais, por sua vez, compõem o modelo clássico da produção alimentar de Minas Gerais e são separados por processos técnicos distintos (Pedrosa, 2017). Eles têm como objetivo transformar os ingredientes em alimento acabado e são: Horta tradicional; Pomar tradicional; Carnes e derivados de animais; Farinhas, grãos, quitandas e pães; Leiteria e derivados do leite; Doceria; e Bebidas: não alcoólicas e alcoólicas.

A cozinha mineira pode ser graficamente representada pela interseção dos pilares horizontais (paisagem cultural – ambiente, apresentação, modos de fazer e os registros representados pelas receitas) com os pilares verticais, linhas de ingredientes transformados que resultam nos diversos produtos da cozinha mineira, seja fria, seja quente.

# CAPÍTULO 7

# PILARES HORIZONTAIS DO PROGRAMA PRIMÓRDIOS DA COZINHA MINEIRA

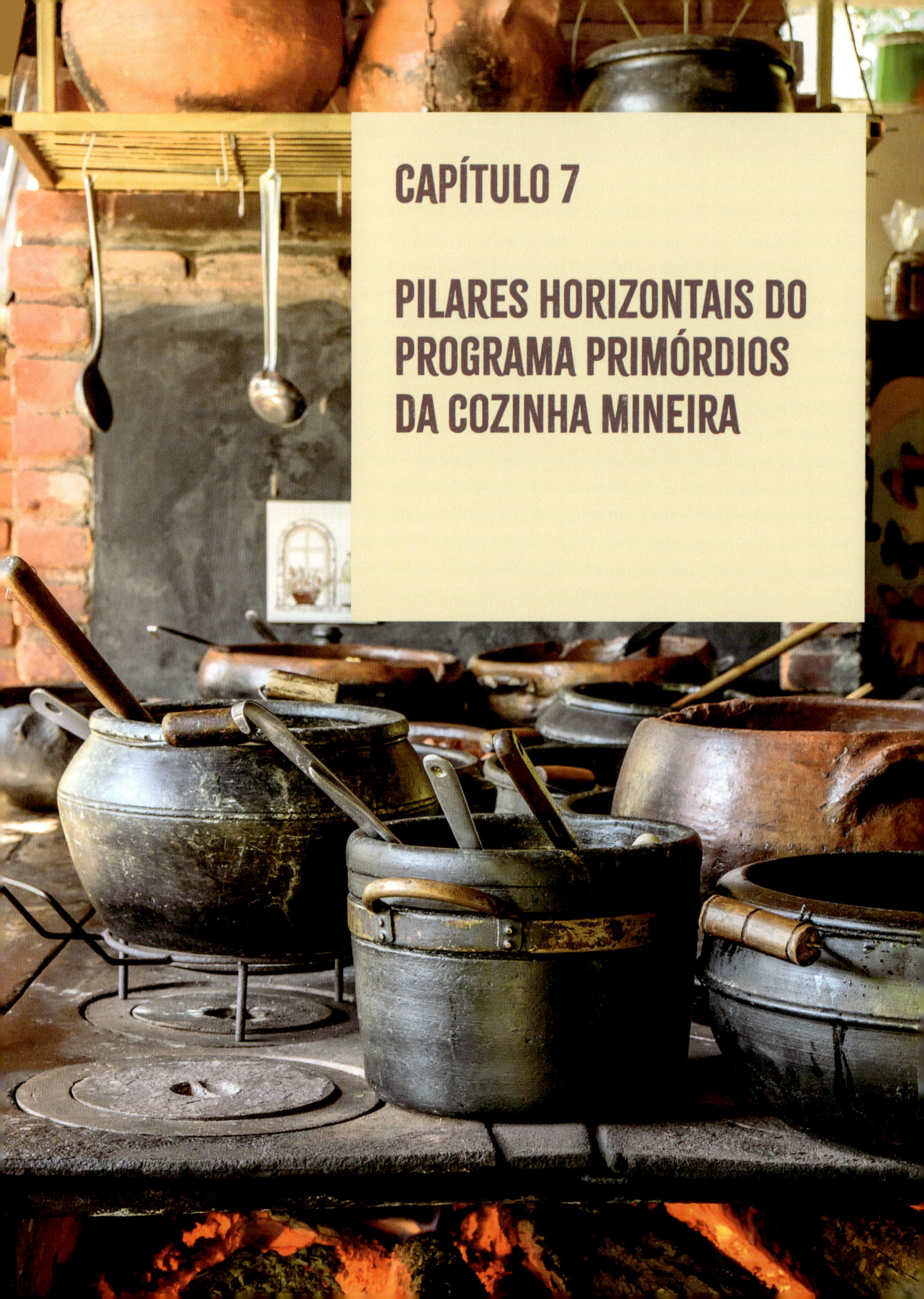

Os pilares horizontais são dois e representam a união dos quintais com a cozinha e a mesa, sob a ação de quem transforma: o homem. O primeiro se refere às técnicas de fazer e de servir, que inserem no ingrediente a memória, a cultura e a tradição mineiras. A técnica torna-se fator especial para aprimorar o ingrediente local. Já o segundo diz respeito às receitas, que representam as diversas formas de registrar os modos de fazer, a melhor maneira de servir e os melhores utensílios e ambientes para produzi-los e apresentá-los ao comensal.

## Pilar I – Técnicas, utensílios, ambientes e serviços

> *São segredos entre as gerações, preciosos como heranças, tachos como espelhos, colheres da avó, guizos do padrinho, coisas do pai para o menino e seus companheiros, os bules, os chás.*
>
> (Pe. Lauro Palú, 2015)

Esse pilar é o primeiro não por acaso. Por ter integração com os outros pilares verticais, que resultam em produtos ou serviços ligados à alimentação, o pilar das técnicas, utensílios, ambientes e serviços foi classificado como horizontal.

Em cada fase da história alimentar mineira, novas técnicas foram inseridas. A descoberta do ouro, especialmente, propiciou o desenvolvimento dos pequenos pontos de parada, pouso dos bandeirantes que se transformaram nas primeiras cidades. Minas nasceu urbana, mas o ouro demandou urgente expansão econômica, desenvolvimento significativo na agricultura e pecuária para abastecer um território que se organizou em tão pouco tempo.

A alta concentração populacional na região aurífera favoreceu a ampliação da técnica de cozinha, isso propiciou melhor rendimento e gosto aos ingredientes de uso comum na época. Como exemplo, pode-se citar o milho e seus usos no preparo de pratos doces e salgados.

Desconsiderar a técnica ou o modo de fazer de um preparo é privá-lo de sua identidade maior, é eliminar a interseção da ação humana com toda a carga cultural sobre o ingrediente. Então, é possível afirmar que o modo de fazer da cozinha mineira é tradicional, e ele cresce com a diversidade existente no estado e suas várias fases de expansão econômica e territorial. Cada região de Minas desenvolveu e preservou técnicas culinárias próprias, bem como utensílios de origem adequados aos ingredientes. Foram criadas relações sociais diversas com a comida e desenvolvidas formas próprias de socialização. O resultado é um produto único, mas democrático, repleto de tradição e diversidade e ligação estrutural com os mineiros e seu modo de fazer, receber e servir.

## A TÉCNICA COMO PONTO COMUM À COZINHA E À GASTRONOMIA

### *Capacidade de ir além da mesa, da cozinha e do produto*

A técnica de cozinha formou o cozinheiro. Hoje, o ritual desse profissional é um espetáculo além da mesa. Assim como o resultado, a técnica tornou-se um elemento para celebrar o prato, tornou-se um modo de relaxar, uma representação da sofisticação, simplicidade ou diversidade, um show. É uma nova maneira de reencontrar o prazer, o gosto por algo e de compartilhá-lo em um campo fora da mesa, o dos espetáculos, do fazer gastronômico no cotidiano da atualidade.

***Capacidade de gerar diferencial de maneira democrática***

Seja em ambiente mais simples, onde a técnica perfeita resulta no preparo de um angu diferenciado, como o da cidade de Brumadinho, seja no mais sofisticado restaurante, a técnica de preparo é o fato comum ao produto.

***Capacidade de criar harmonia em constante mudança***

A técnica é o agente de harmonização entre ingrediente, época, tradição, inovação, com os conceitos e saberes culinários do cozinheiro.

***Capacidade de simplificar ou acelerar processos***

A boa cozinha não precisa ser complicada e cara, mas, sim, a que tem melhor técnica e ingrediente (Bocuse, 2009).

***Capacidade de representar***

Com a aplicação de técnica específica em um preparo, o ingrediente pode representar um espaço geográfico, uma época, uma sociedade, um tema, um desejo, uma lembrança e até um sentimento. Além disso, é possível mudar textura, aparência, sabor, aroma e significado do ingrediente.

***Capacidade de desenvolver utensílios de trabalho ou de ressignificar os antigos***

Os utensílios são desenvolvidos com base nas necessidades dos processos e serviços que circundam o ato de comer. A demanda por utensílios inovadores tem um pressuposto ligado diretamente à condição técnica que se pretende alcançar.

## UTENSÍLIOS TRADICIONAIS EM MINAS GERAIS

Um estado com grande produção de metais ferrosos não poderia deixar de ter uma vasta linha de utilitários em metal, como panelas de ferro, cobre, alumínio e inox, bem como de utensílios em estanho e latão. Há também a linha de mesa em estanho desenvolvida na região de São João del-Rei por influência da corte do Rio de Janeiro e as panelas de ferro da cidade de Cláudio e Betim.

No entanto, utilizam-se também muitos utensílios utilitários de barro, louça, vidro, cerâmica e pedra. Para produzir panelas de barro (como as de Santa Luzia) e de pedra (de Ouro Preto), misturam-se técnicas indígenas e africanas bem como artesanais. Isso ocorre também com a louça azul de Monte Sião, a cerâmica marajoara de Ouro Preto e os muranos de Poços de Caldas. Todos convivem pacificamente nas mesas mineiras, ao lado de uma expoente produção de cerâmica artística utilitária (por exemplo, de Brumadinho e Tiradentes) que reflete a importância dos utensílios para a cozinha e a mesa mineiras. Aliás, os utensílios antigos vêm sofrendo um processo de valorização e reconhecimento profissional nos fogões a lenha dos sítios, na utilização da madeira para a cura dos queijos, convivendo lado a lado com utensílios de última geração e tecnologia de ponta.

Pode-se perceber que se está na cozinha de uma casa mineira ao se observar o capricho com que são tratados os utensílios em uso (Nunes, 2020). Outro importante componente dos ambientes mineiros são toalhas, guardanapos, passadeiras e panos, feitos em teares, de linho, e panos de saco branco, com bordados, pinturas e aplicações. Peças magníficas podem ser vistas em exposição no Museu do Bordado, em Belo Horizonte.

## TÉCNICA DE PRODUÇÃO DE ALIMENTOS NA COZINHA MINEIRA

No século XIV, a cozinha francesa iniciou um processo de sistematização do ambiente de cozinha, seguido até hoje pela cozinha profissional. No entanto, a cozinha mineira tradicional mesclou diferentes particularidades, inserindo outros modelos culturais herdados principalmente dos habitantes da terra e dos africanos, além do modelo ocidental.

Assim, no preparo de alimentos, a cozinha mineira conta com técnicas próprias para embutidos, cortes de legumes e verduras, como a couve mineira, e para o preparo de doces. Na maioria das casas, a área de pia ficava na parte externa da cozinha a fim de facilitar a higienização do que vinha da horta e do quintal, bem como das vasilhas. A cozinha fria era praticamente inexistente, legumes e verduras eram sempre servidos quentes. Para a doçaria, tradicionalmente havia uma área externa composta de tacho de cobre e pia própria, além de outros utilitários específicos como gamelas, ralos, tocos e facão para picar as frutas, bem como armários para armazenamento de compotas e doces prontos.

A área de forno também ficava do lado de fora da casa, com pia própria. O forno a lenha era de cupinzeiro, barro ou cerâmica, no qual eram preparados tanto quitandas, doces e assados quanto carnes, como porco e embutidos. Trata-se de uma alusão clara ao modo indígena ou escravo, de trabalhos externos à casa. Na área externa, sempre havia um banheiro para se receber o visitante perto dos preparos, de modo a lhe servir a refeição e o café, mas preservando a área íntima da casa. O ponto central da cozinha era o fogão a lenha, em que se concentrava o preparo quente diário. O fogão também apresentava outras funções, inclusive de defumação.

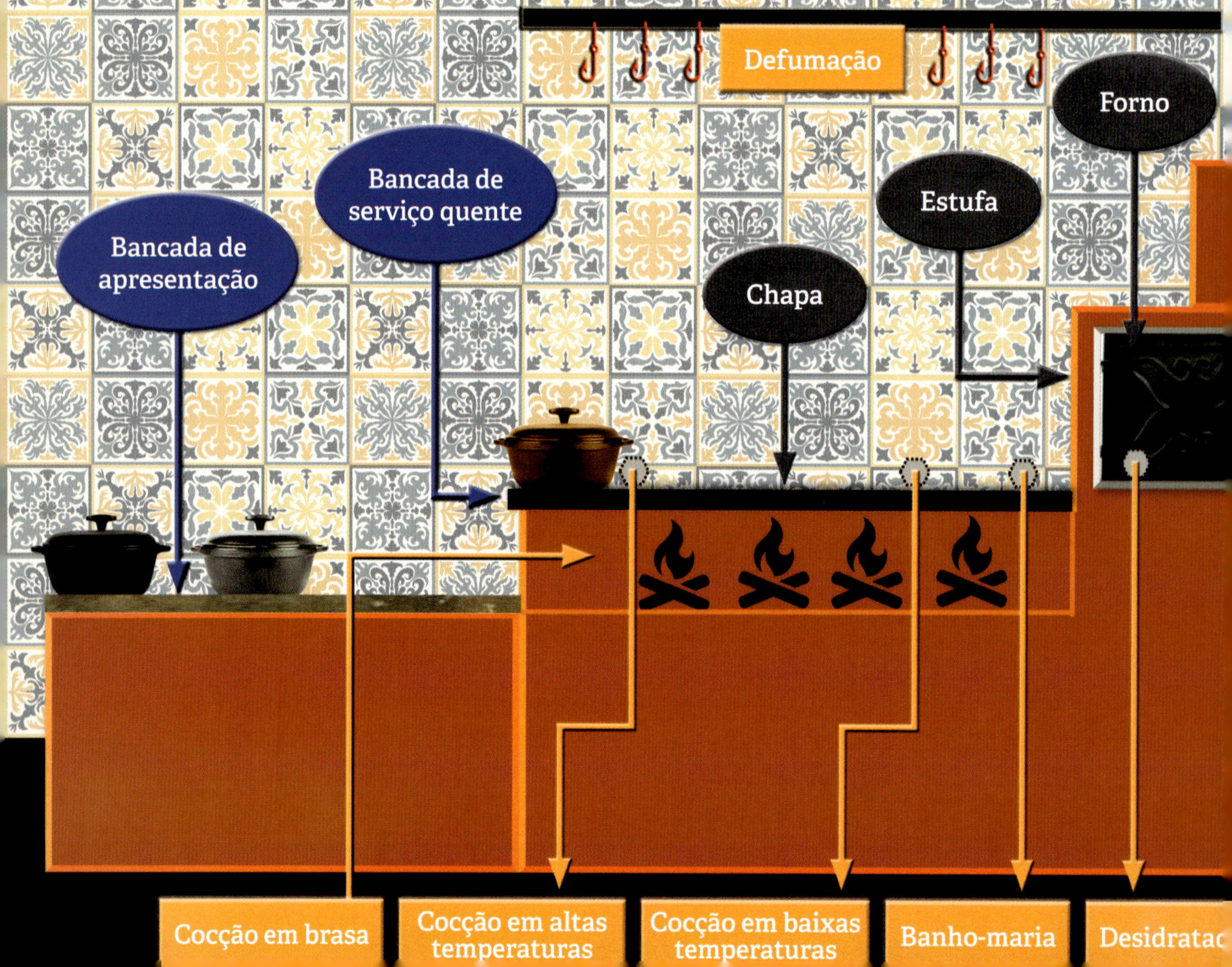

O fogão a lenha, aliás, importa um vasto conjunto de técnicas de cozinha, representadas no infograma anterior. Para cozinhar nesse tipo de fogão, é necessário ter complexos saberes, e em Minas Gerais o fator determinante para esse fim foi a prática repetida e o aprendizado familiar. Hoje, vários equipamentos de alta performance e tecnologia substituem os múltiplos resultados obtidos de maneira empírica no uso do fogão a lenha, sob o comando de tecnologias e cozinheiros contemporâneos.

Mesmo com a evolução dos fogões, hoje muitos sustentáveis, rápidos, eficientes e práticos, capazes de preservar bem mais as condições de saúde de quem cozinha, não podemos negar que o fogão a lenha fascina: ele traz a comida no fogo, ritual alimentar mais ancestral da humanidade. O uso de técnicas diversas para o preparo dos alimentos no fogo delimitou um novo espaço para o homem no mundo (Franco, 2010).

## SERVIÇO DE MESA E AMBIENTE

São elementos que refletem a memória do território e o modo de servir, representantes da reconhecida hospitalidade mineira, de quem a mesa e o fogão são expressões. "Mesa mineira" pode significar um fogão a lenha com comida simples e fumegante ou uma mesa muito bem-posta com louça fina, mas nela deve haver queijo, quitanda e café, no café da manhã; aroma de ervas e alho frescos, angu, feijão e couve, na hora do almoço.

A mesa mineira é o palco do que se come. Um cenário de encantamento e memória. Dela podem fazer parte um enxoval de mesa primoroso ou simples paninhos de estampas ou xadrez miúdos; só não pode faltar afeto, capricho, gosto, aroma e, claro, comida mineira. Desde a visita do naturalista Auguste de Saint-Hilaire, há registros de que em Minas Gerais havia pessoas hospitaleiras e afáveis, embora com hábitos muito simples à mesa.

Em Minas, a cozinha é o ambiente mais importante da casa. A intimidade com a cozinha e a presença ritual do fogo, do fogão a lenha, tornam o ambiente da cozinha mineira um cenário universal, ou seja, o local de encontro entre ingrediente, fogo e homem em uma cena representante do ato de preparar ou consumir o alimento em torno do fogo. Isso simbolicamente representa o local do principal rito alimentar humano: a cozinha.

## PAÇOCA DE CARNE DE SOL

*Roberto Haddad*

Do Nordeste, vieram o gado e a farinha de mandioca. A união desses ingredientes com a técnica espanhola de cura da carne resultou na carne de sol do Norte de Minas, famosa em todo o Brasil.

Rendimento: 8 porções

Cidade ou região: Norte de Minas

***Carne***

1 kg de carne de sol
1 cebola pequena
3 dentes de alho
2 a 3 pimentas-malaguetas
4 colheres (sopa) de banha de porco

***Paçoca***

200 g de farinha de mandioca torrada
1/4 de cebola picadinha
2 pimentas-malaguetas
2 bananas descascadas, em rodelas e fritas
100 g de torresmo

***Carne***

1. Corte a carne em cubos de 2 cm.
2. Corte a cebola e os dentes de alho em cubinhos.
3. Amasse a pimenta.
4. Em uma panela, dissolva a banha e frite o alho e a cebola até amaciar.
5. Adicione a carne, fritando-a até dourar.
6. Pingue água para refogar, até amaciar os pedaços de carne. Espere esfriar.

***Obs.:*** *o processo pode durar mais de uma hora, dependendo do corte de carne.*

***Paçoca***

1. Em um pilão grande ou multiprocessador, coloque um pouco de farinha de mandioca, a cebola e as pimentas.
2. Bata a cebola e as pimentas, até amassá-las.
3. Desfie a carne já cozida e adicione, aos poucos, o restante da farinha.
4. Amasse com o pilão até que a carne e a farinha se incorporem bem e formem uma massa bastante homogênea. Se for necessário, acrescente sal.
5. Para servir, coloque a paçoca em uma tigela e cubra-a com o torresmo picado e as bananas fritas. Um drinque à base de cachaça harmoniza muito bem com esse prato único.

*Paçoca de carne de sol*

# Pilar II – Receitas tradicionais e contemporâneas

*O ato de "transmitir ou entregar", por si só, já se torna uma renovação constante. "Tradicional é aquilo que é contemporâneo de si mesmo: resiste ao passar do tempo de forma inovadora".*

(Pe. Lauro Palú, 2015)

## RECEITAS TRADICIONAIS OU CONTEMPORÂNEAS?

Em Minas Gerais, a transmissão das receitas era tradicionalmente oral, mas pouco a pouco os cadernos de receitas e livros ganharam espaço. Na contemporaneidade, surgiram tecnologias que vêm permitindo a transmissão.

A escrita é um dos registros de saberes mais importantes do mundo. Os cadernos de receitas e as publicações evidenciam a trajetória da cozinha mineira durante os trezentos anos do estado. No entanto, essas escritas não se prestam apenas a registrar os modos de fazer. Nos cadernos, há não apenas receitas mas também os modos de época e as observações pessoais, que indicam o lugar ocupado pelas receitas no imaginário da sociedade, principalmente a feminina.

Os livros também refletem mais que o proposto. As primeiras publicações brasileiras apresentam modos de fazer muito pouco específicos, ainda sem identidade com a cozinha local, o que pressupõe a necessidade de se acompanhar outras culturas como a francesa, que na época já valorizava o receituário tradicional. No livro *Cozinheiro nacional* (1870), por exemplo, a expressão de uma identidade alimentar brasileira é rara, mas por outro lado se nota uma referência diferenciada à cozinha mineira. No caso de livros dedicados a doces, como *Doceira brasileira* (1851), percebe-se maior identidade com o Brasil por meio do uso generalizado do açúcar.

No século XX, na época da arte culinária, nota-se nas receitas uma expressão artística ligada à modernidade e à família urbana, no eixo Rio-São Paulo. Daí a praticidade delas, característica tida como indispensável para a época, englobando economia doméstica, boas maneiras, utensílios, conhecimento sobre serviços, uso de equipamentos modernos, alimentos, medidas, receitas triviais e especiais. Em Minas, entretanto, nessa mesma época, um fato curioso ocorreu. Na contramão da proposta de modernidade do modelo americano, Maria Stella Libânio Christo lançou o livro *Fogão de lenha*, no qual, de maneira tradicionalista, segue em uma vertente contrária quando evoca a cozinha antiga das fazendas em Minas Gerais.

Posteriormente e ainda hoje, outros tipos de registros vêm sendo usados, por rádio, TV e internet, cada um deles continua a refletir o modo de vida da época.

## IDENTIDADE CÍCLICA DAS RECEITAS

***Premissas para entender as receitas na cozinha típica mineira***

- A cozinha tradicional aceita, mas não precisa inovar nas receitas (Guerrero, 2007).
- Inclusão de ingredientes locais nos preparos (Collaço, 2018).
- Conjunto de pratos e preparos típicos: comida mineira (Nunes, 2018).
- Expressão cultural de diversas origens (Abdala, 2007) e valores dos habitantes. Em Minas Gerais, destaque para a hospitalidade.
- Inclusão de elementos identitários da regionalidade territorial (Collaço, 2018).
- A comida como fator agregador, seja nas relações sociais, seja nas relações econômicas (Magalhães, 2004).
- Modelo alimentar de construção cultural, dinâmica e diversa (Nunes *apud* Newton, 2018).

***Tradição***

Quando a ancoragem é feita em hábitos de uso, tem força por meio da transmissão entre gerações, aprimora e resiste às mudanças, criando "raízes" no território (Hobsbawn, 1997).

***Inovação***

Novos pratos podem ou não seguir como "tradição" ou poderão ser eliminados no fluxo das mudanças promovidas pelo consumismo (Guerrero, 2007).

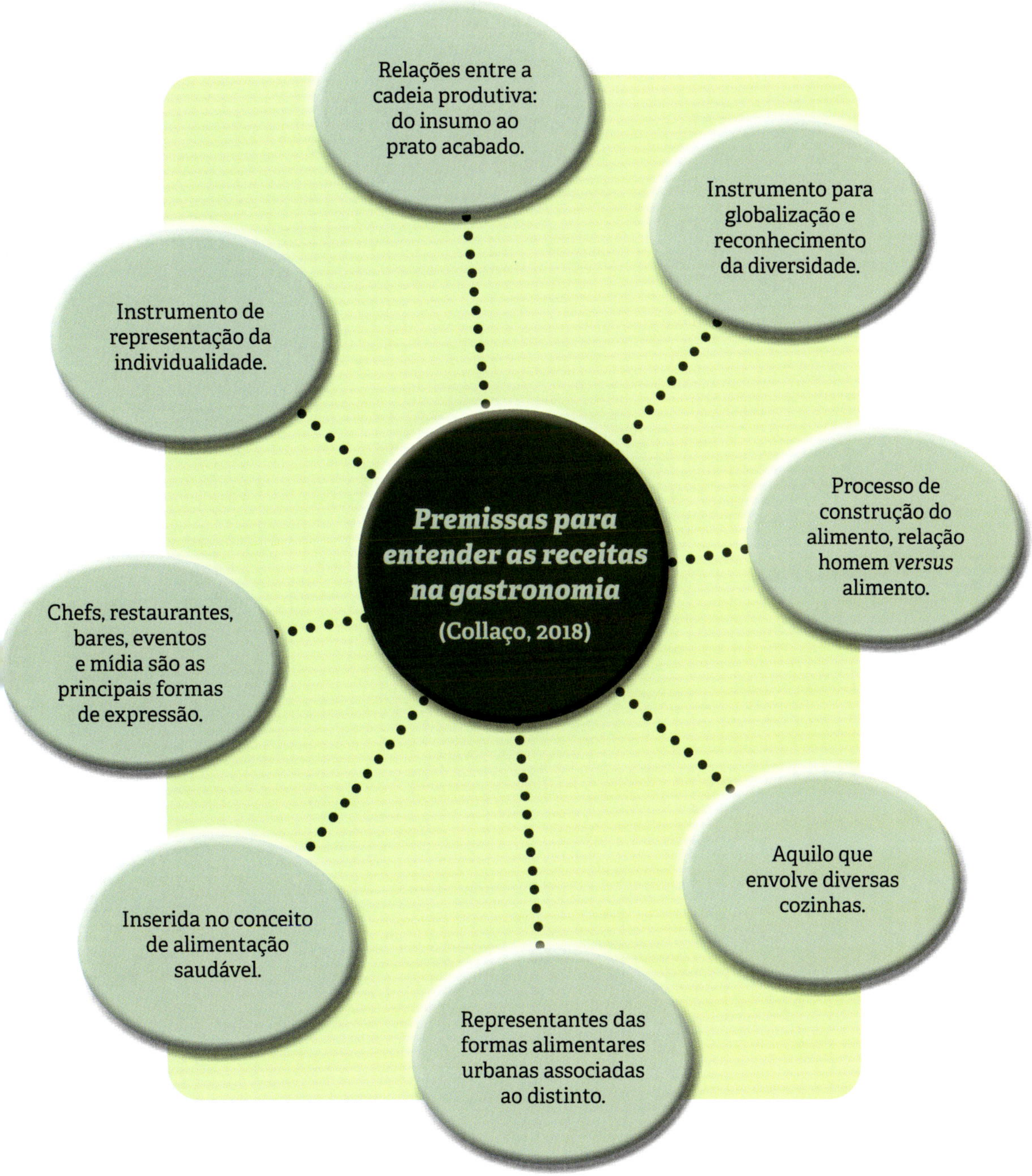
Premissas para entender as receitas na gastronomia
(Collaço, 2018)
Relações entre a cadeia produtiva: do insumo ao prato acabado.
Instrumento para globalização e reconhecimento da diversidade.
Processo de construção do alimento, relação homem versus alimento.
Aquilo que envolve diversas cozinhas.
Representantes das formas alimentares urbanas associadas ao distinto.
Inserida no conceito de alimentação saudável.
Chefs, restaurantes, bares, eventos e mídia são as principais formas de expressão.
Instrumento de representação da individualidade.

## RECEITAS DE ARROZ: TRADIÇÃO E CONTEMPORANEIDADE

O arroz é o ingrediente mais consumido no mundo, usado em várias receitas de Minas Gerais. De modo rústico e tradicional ou de modo sofisticado e contemporâneo, ele está muito presente na cozinha mineira. Servido como risoto, por exemplo, o arroz é largamente servido na cozinha mineira contemporânea, termo que denota elegância e diferentes apresentações, em contraposição à cozinha típica e rústica. Na verdade, ainda que esse tipo de preparo de origem italiana seja considerado contemporâneo, não se trata de uma inovação. O risoto é uma das receitas mais tradicionais da Itália, com registro escrito desde o século XV (Candido, 2014) e que em Minas se assemelha ao antigo arroz garimpeiro (receita praticamente extinta). Do clássico mexido mineiro ao risoto atual, o arroz tem vasto receituário na cozinha mineira, com técnica de preparo diferenciada e vasilha específica feita originalmente de pedra para o cozimento, empregado em bolos, bolinhos, doces e cremes. Usos que inserem esse insumo na identidade da origem alimentar do estado.

É certo que a cozinha de origem sustenta as inovações. Essas inovações tornam-se um modelo variável em tempos distintos e, muitas vezes, são necessárias para que a cozinha tradicional permaneça viva e em uso nas novas gerações. Por outro lado, a inovação se vale do resgate de produtos antigos, desde que estes estejam alinhados às demandas atuais. Esse processo de resgate tem fundamental importância na revitalização da produção alimentar de Minas Gerais. Desse modo, cozinha e gastronomia fundem-se, unem-se e separam-se como estratégia de preservação da cozinha tradicional e de desenvolvimento da cozinha contemporânea, nas quais a identidade local é o verdadeiro motor dos fatos (Pedrosa, 2020).

**_Arroz: diferentes preparos em diferentes épocas_**

O arroz é o alimento mais consumido no mundo segundo a Organização das Nações Unidas para Alimentação e Agricultura. Nas receitas, podemos perceber o contexto de cada época.

**_Arroz garimpeiro_**

Receita preparada com arroz vermelho agulhinha (semente crioula, trazida provavelmente das colônias portuguesas da Ásia no século XVI) acrescido de legumes, grãos, carnes e peixes salgados, típica da região mineradora no século XVIII. Na verdade, é um mexido do século XVIII (Primórdios, 2015).

**_Arroz de pedra_**

Receita do século XIX ainda preparada com arroz-vermelho (agulhinha). Sua técnica de preparo ideal é em panela de pedra, que preserva a umidade do grão e lhe deu nome e fama (Goes, 2004).

**_Arroz de forno_**

Muito usada no século XX, trata-se de versão urbana do arroz com galinha, que era acrescido de ervilhas, creme de ovos e queijo e feito no forno. Foi um prato marcante no século XX em Minas Gerais. A receita consta de dois livros de Maria Stella Libânio Christo (1979).

**_Risoto_**

Apesar de ser considerada uma receita contemporânea, não é um preparo inovador, pois em 1570 foi publicada a receita do risoto milanês, na Itália (Candido, 2014).

## ORALIDADE DAS RECEITAS EM MINAS GERAIS

A linguagem é um dos maiores patrimônios de um povo. Ela sintetiza hábitos, técnicas e costumes. O fazer conjunto entre gerações diferentes foi o que manteve vivos muitos dos hábitos da cozinha mineira, transmitidos oralmente a princípio. O modo de fazer do queijo de minas artesanal é um exemplo da oralidade na gastronomia mineira (Pedrosa, 2019). Na transmissão oral, as unidades de medidas praticamente não eram empregadas. Falava-se em medir "no olho", forma usual endossada pela visualização e pela prática repetida (Christo, 1975).

Segundo Christo (1975), no relato oral de uma receita o ingrediente era o ponto central. As outras etapas, como o modo de fazer, ficavam a cargo da prática. Este era bastante genérico, pelo fato de que os preparos têm menor diversidade técnica e a padronização é pouco exigida.

Principalmente até o século XX, a transmissão se dava entre gerações de um mesmo grupo ou família (Nunes, 2018), muitas vezes como tabus e orientações alimentares (Magalhães, 2004). Nas receitas dessa época, existem poucas referências ao uso de técnicas especiais. A ideia era aprender fazendo. Em Minas, o hábito de cozinhar era, na maioria das vezes, feminino e se iniciava na infância, em brincadeiras de fogãozinho e comidinha, conforme conta Dona Lucinha (Nunes, 2018).

Outro fator curioso sobre a oralidade das receitas diz respeito às comitivas de comércio de gado e muares, nas quais o cozinheiro do grupo (nesse caso, do sexo masculino) era responsável pela transmissão oral das receitas entre o grupo e entre as gerações. Enquanto nas casas de família, era a mulher a responsável pela transmissão.

## REGISTROS ESCRITOS DAS RECEITAS EM MINAS GERAIS

Na antiga forma escrita do século XIX, o modo de fazer tem evidência na receita; ele basicamente é a receita. A análise do livro *Cozinheiro nacional* (1882) evidencia isso. Ele apresenta uma coletânea de modos genéricos de preparos sem referências a quantidades ou especificações sobre o ingrediente. Hoje, os ingredientes e suas quantidades são determinantes para o preparo padronizado exigido pelo receituário atual.

### *Cadernos de receitas*

De suma importância, os cadernos de receitas são registros sobre os modos de fazer dos pratos da cozinha de Minas Gerais. A maioria trazia receitas de doces e, como na oralidade, retratava o modo de fazer familiar. O diferencial desse tipo de transmissão é o aprimoramento na descrição do modo de fazer, que era mais detalhado, por não contar com a prática momentânea existente no aprendizado pela oralidade.

Depois do século XX, os cadernos de receitas se tornam mais raros. Após a publicação de *Fogão de lenha* (1975), livro marco do resgate da cozinha tradicional no estado e composto com receitas de vários cadernos de receitas, a cozinha mineira mergulhou em um universo de outras publicações. A obra inseriu Minas Gerais na tendência mundial iniciada no século XX, de "mergulhar nas cozinhas regionais, nessa distinção geográfica de sabores que tornam únicos os patrimônios alimentares do século XX" (Cândida, 2019). Um exemplo dessa valorização das cozinhas regionais e do reconhecimento da diversidade da cozinha mineira, além de seus pratos típicos, é a coleção *Araxá põe a mesa*, sobre a cozinha da região de Araxá, publicada em 1989.

***Livros de receitas***

Os cadernos de receita deram lugar aos livros de receitas, que trouxeram maior colaboração técnica para a cozinha mineira. Nos livros de receitas, medidas de peso e de volume ficaram um pouco mais específicas, com registros escritos nos livros a partir do século XVII, embora ainda bastante generalizados, como: punhados, pitadas, pratos, copos e chávenas (Christo, 1979).

Na Europa, os cozinheiros de destaque são os criadores dos livros de receitas. No Brasil, antes do século XIX, os primeiros livros abrangem modos de fazer e de servir, mas o cozinheiro é ainda um anônimo no processo, por outro lado as culinaristas assumem em maioria essa escrita no Brasil (Cândida, 2016).

Diferentemente dos cadernos de receitas, com os livros as receitas adquirem status de patrimônio gerador de renda. Além de seu resultado, o produto gastronômico, a descrição de um modo de preparo passa a ter valor comercial.

## OUTROS TIPOS DE REGISTROS E TRANSMISSÕES CONTEMPORÂNEOS DE RECEITAS

Em geral, as formas contemporâneas de difusão de receitas são instrumentos eficientes trazidos pela globalização. Em Minas Gerais, a transmissão oral resiste nas novas gerações e faz parte da contemporaneidade. Prova disso são os concursos de quitandeiras mirins no estado, como ocorre em Barão de Cocais, São Tiago e Congonhas, em que crianças e adolescentes filhos de quitandeiras participam da premiação. O mesmo fenômeno ocorre na transmissão dos saberes sobre o queijo artesanal. Além desses exemplos, em todo o estado há instituições para registros desses modos tradicionais com patrimônio, o que sistematiza os processos tradicionais, contribuindo para o aprimoramento e a preservação.

As mudanças na comunicação do século XXI propiciaram uma grande alteração na forma de transmissão das receitas. Os métodos anteriores da oralidade e da escrita se integraram a outros modos modernos, em que se intensifica o uso da receita para outros fins, além do preparo de alimentos.

Atualmente, as receitas são transmitidas em rótulos de alimentos, meios de comunicação e eventos. O primeiro caso é usado desde o século XIX para difusão de uma receita escolhida como modelo de bom preparo para o produto em questão. Já os programas de gastronomia da TV e do rádio usam as receitas como experiência de aprendizado, competitividade, projeção do cozinheiro, passatempo e difusão cultural. O programa *Terra de Minas*, da Rede Globo, foi pioneiro na valorização das receitas tradicionais da cozinha mineira. Outro exemplo é o boeuf bourguignon, um dos preparos mais tradicionais da França e primeira receita a ser apresentada na TV, em fevereiro de 1962.

Mas é a internet, por meio das redes sociais, o veículo mais inovador para difusão das receitas. Nela, o cozinheiro assume um papel secundário ao da receita, com a praticidade, a agilidade e a estética visual como principais ferramentas do modelo, o qual também favorece a monetarização instantânea de cada receita. A internet é, então, usada como base de difusão de conhecimento on-line por meio de blogs e sites temáticos, em que a receita gera renda e visibilidade ao cozinheiro ou produtor do conteúdo. No Instagram, a página @baixagastronomia é destaque, com temática semelhante. Já os eventos de gastronomia, "aulas-shows", ampliam a dimensão das receitas com aprendizado, experimentação, diversão e socialização como parte delas.

Esses novos meios de transmissão fortalecem o conceito de fusão entre os elementos da cozinha tradicional e os elementos técnicos contemporâneos. As décadas de 1960 e 1970 marcaram um novo período de inflexão da cozinha mineira com as técnicas da *nouvelle cuisine* francesa. Nessa época, o Senac trouxe professores europeus para o aprimoramento técnico da escola de cozinheiros da hotelaria mineira.

## ARROZ COM PEQUI

*Luciano Avellar*

Rendimento:
aproximadamente 4 porções

Cidade ou região:
distrito de Mendanha (Diamantina)

1 colher (sopa) de óleo

1 copo americano de arroz

Pequi a gosto

Sal a gosto

1. Na panela, coloque o óleo e o arroz já lavado.
2. Deixe torrar até ficar soltinho.
3. Adicione o pequi, o sal e acrescente água para cozinhar.

*Arroz com pequi*

# CAPÍTULO 8

# PILARES VERTICAIS DO PROGRAMA PRIMÓRDIOS DA COZINHA MINEIRA

Os pilares verticais refletem a materialidade dos quintais da cozinha, sua capacidade de produzir determinada linha de ingredientes: Horta tradicional; Pomar tradicional; Carnes e derivados de animais; Farinhas, grãos, quitandas e pães; Leiteria e derivados do leite; Doceria; Bebidas.

## Pilar III – Horta tradicional

> *Vista e louvada pelos naturalistas Saint-Hilaire e Martius, pelo melhoramento das frutas nativas e ervas medicinais, mas hoje devastada pelos jacus, a horta do Caraça sobrevive nas grandes estufas.*
>
> (Pe. Lauro Palú, 2015)

Não somente no passado mas principalmente nos dias atuais, a horta, pequeno terreno onde são cultivados hortaliças e legumes, continua a fornecer alimentos diariamente para quem transita, visita ou habita em Minas Gerais.

O pilar da horta tradicional reconhece e retoma em forma de resgate o plantio de quintal, a ressignificação do saber plantar, colher e comer esses alimentos, trazendo à tona o conhecimento popular, tradicional e regional e devolvendo-o à comunidade de maneira que se perpetue na cultura alimentar de cada região.

Por exemplo, na região do Entre Serras da Piedade ao Caraça, onde as verduras antigas têm fundamental importância para a alimentação local, a horta do Caraça, referenciada há mais de dois séculos por Saint-Hilaire (1828), sempre forneceu verduras, legumes e temperos para o Santuário. Diversos são os relatos de variadas preparações com os inúmeros alimentos ali produzidos e que, ao longo da história, atravessaram os muros, participando da vida dos moradores da região.

Com essa percepção, o Senac MG iniciou pesquisas científicas e baseou-se em vivências culinárias e gastronômicas por meio do Programa Primórdios da Cozinha Mineira. Com a participação do professor e chef de cozinha Michael Abras, foi possível reunir um compilado de alimentos de importância histórica, social e regional. Esses alimentos, que hoje retomam, ressignificados, o lugar à mesa dos mineiros – abraçados pelo conceito contemporâneo de plantas alimentícias não convencionais (pancs) – com outros ditos tradicionais ou "convencionais" também citados neste livro, outrora foram e podem continuar a ser uma alternativa para o aumento da diversidade alimentar em razão do baixo custo e por serem produzidos em pequenos espaços, seja na cidade, seja no campo.

Hoje em dia, muito se comenta sobre os males que acometem o homem contemporâneo desde a difusão dos alimentos ultraprocessados. No passado mineiro, quintais e hortas eram sinônimos de saúde. Historicamente, isso se dava em razão do elevado potencial medicinal de diversos alimentos, como a congonha, o quitoco e a cúrcuma, citados neste pilar. Outros demonstram também elevado potencial nutritivo, por exemplo a beldroega, rica em ômega 3, e o ora-pro-nóbis, com alto índice proteico. Além desses benefícios, deve-se considerar o valor emocional que há no consumo desses alimentos, tendo em vista seu histórico na tradição alimentar mineira, na qual as memórias afetiva e gustativa, em grande parte, traziam e trazem à tona lembranças e sensações muito especiais e dignas de serem perpetuadas.

Esses fatores emocionais, funcionais e históricos justificam, portanto, o nome do pilar: horta tradicional, um dos representantes da memória e saudabilidade tradicionais na cozinha mineira.

## CANTEIROS DA HORTA TRADICIONAL DE MINAS GERAIS

### *Verduras: folhosas e talos comestíveis*

A horta tradicional é um microssistema complexo e integrado que se expande por partes ricas em água para o cultivo de espécies como a taioba e os inhames (Nunes, 2018). Nos primórdios de Minas, a horta apresentava uma variedade de espécies bem maior que as citadas nos livros de receitas ou existentes hoje em supermercados e feiras. Muito se consumia dali, do mato para o prato, ora por festividades, ora por necessidade e escassez. Como exemplo disso, podemos citar o resgate e registro de 65 espécies de verduras tradicionais (Pedrosa, 2017) no quintal do Caraça e no entorno que hoje, em um esforço de conhecimento e disseminação, voltam a figurar na culinária e na gastronomia (Abras, 2019).

### *Ervas, flores e talos aromáticos*

As ervas aromáticas têm lugar especial na cozinha mineira, seja por herança portuguesa, seja por substituírem ou complementarem o sal. Elas acrescentam frescor a sucos e pratos doces ou dão notas diferenciadas a pratos salgados, molhos e carnes. Disponíveis e acessíveis facilmente nos quintais, até hoje fazem parte de pilões, misturas e temperos dos mineiros (Abras, 2019). Já as flores foram e são usadas na alimentação, como as rosas para fazer fermentados (Ávila, 2011), licores, geleias e água de rosas, e a flor de laranjeira em infusões para perfumar quitandas e doces. Hoje, seu uso em saladas e pratos contemporâneos é uma nova fonte de renda (Primórdios Tiradentes, 2016).

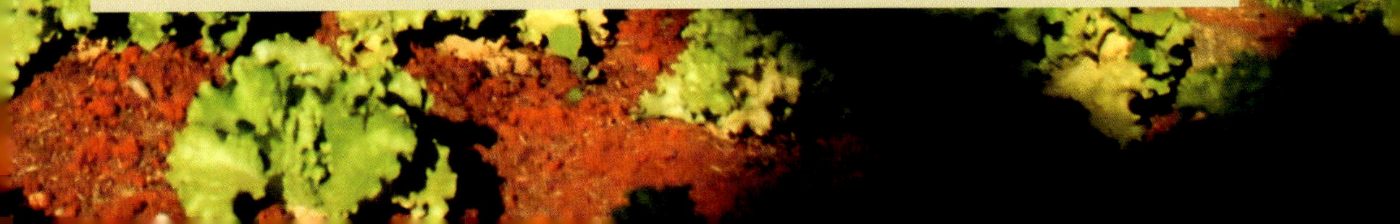

### *Legumes, sementes e castanhas comestíveis*

No passado, o consumo alimentar usual consistia no que vinha do quintal, e isso incluía diversas espécies de feijões, favas, vagens e legumes, como quiabo, maxixe, chuchu, abóbora, entre outros. Na dieta contemporânea, as sementes ganharam espaço, a exemplo da semente de abóbora e do amendoim, por terem óleos e propriedades importantes. Outras sementes com elevado potencial nutritivo e gastronômico são da família do amaranto, em alguns casos conhecido por caruru-de-porco (Abras, 2019).

***Raízes, tubérculos e bulbos***

A variedade de alimentos nos quintais mineiros respeitava a sazonalidade das épocas do ano e as condições climáticas. A atenção não somente ao que estava sobre a terra mas também ao que ficava abaixo dela era contínua e fundamental. Por exemplo, folhas de araruta ou de mangarito secas são sinal de colheita e consumo, pois indicam que os rizomas estão com total potencial nutritivo. Já a taioba, em alguns casos, tem rizomas comestíveis (Abras, 2019).

## GUISADO DE BACALHAU

*Adélia Batista Lopes e Michael Abras*

"*Em toda casa havia um fogãozinho para guisados.*" (Nunes, 2018)

Associado à cozinha de quintal, dos fogões antigos e tradicionais, o guisado atravessa gerações e, atualmente, existe um festival em Minas dedicado ao preparo de guisados na cidade de Caeté. Na Quaresma, o prato principal era preparado com bacalhau e legumes, como chuchu, abóbora e quiabo. O peixe chegava em grandes quantidades e era armazenado nos porões dos casarões mineiros.

| Rendimento: 4 porções | Cidade ou região: Caeté |
|---|---|

300 g de bacalhau em lascas ou postas

150 g de batata

150 g de abóbora-d'água

150 g de mamão verde

150 g de quiabo

1 cebola pequena

2 dentes de alho

1/3 de molho de salsinha

1/3 de molho de cebolinha

1 colher (café) de urucum ou açafrão-da-terra

Sal a gosto

1 cálice de licor de cachaça

Pimenta-de-bode ou malagueta a gosto

½ molho de mata-compadre e cudicinhãna ou outra folha verde-escura

1. Na véspera, deixe o bacalhau dessalgar em água fria, trocando-a sempre que possível.
2. Corte as batatas e a abóbora em tiras longas ou cubos e reserve.
3. Corte o mamão verde em cubos e afervente em água com sal por 2 minutos.
4. Escorra e deixe esfriar em água fria. Reserve.
5. Corte o quiabo em pedaços pequenos e reserve.
6. Pique a cebola, o alho, a salsinha e a cebolinha em pedaços bem pequenos.
7. Rasgue as folhas verdes e reserve.
8. Em um pouco de gordura, doure a cebola e o alho com o urucum ou o açafrão.
9. Acrescente as batatas, a abóbora e o mamão, um pouco de sal e mexa cuidadosamente.
10. Coloque a cachaça e deixe evaporar.
11. Cubra com água ou caldo de legumes e deixe cozinhar por cerca de 15 minutos.
12. Acrescente o bacalhau e o quiabo.
13. Deixe cozinhar por mais 10 minutos ou até que os legumes fiquem macios.
14. Acerte o sal e a pimenta, e finalize com salsinha e cebolinha.
15. Sirva o guisado bem quente na própria panela do cozimento ou em travessas grandes e fartas, acompanhado de mata-compadre e cudicinhãna refogados. Se preferir, sirva com arroz ou angu sem sal.

*Guisado de bacalhau*

## Pilar IV – Pomar tradicional

*Pomar e jardim são dois ambientes que enfeitiçam a infância das pessoas sensíveis, dando cor, formas extraordinárias, gostos e cheiros inesquecíveis às saudades das pessoas bem-formadas.*

(Pe. Lauro Palú, 2015)

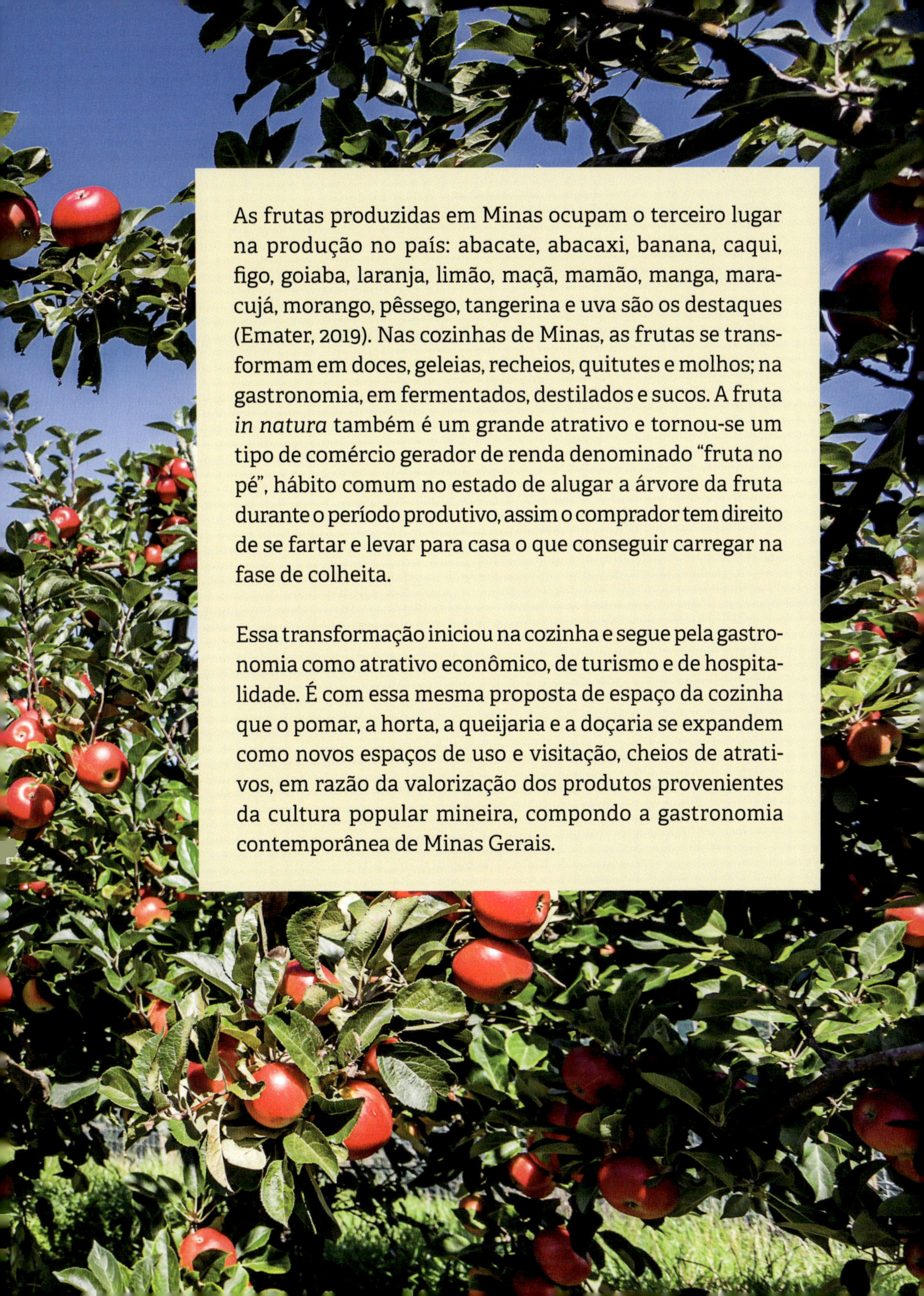

As frutas produzidas em Minas ocupam o terceiro lugar na produção no país: abacate, abacaxi, banana, caqui, figo, goiaba, laranja, limão, maçã, mamão, manga, maracujá, morango, pêssego, tangerina e uva são os destaques (Emater, 2019). Nas cozinhas de Minas, as frutas se transformam em doces, geleias, recheios, quitutes e molhos; na gastronomia, em fermentados, destilados e sucos. A fruta *in natura* também é um grande atrativo e tornou-se um tipo de comércio gerador de renda denominado "fruta no pé", hábito comum no estado de alugar a árvore da fruta durante o período produtivo, assim o comprador tem direito de se fartar e levar para casa o que conseguir carregar na fase de colheita.

Essa transformação iniciou na cozinha e segue pela gastronomia como atrativo econômico, de turismo e de hospitalidade. É com essa mesma proposta de espaço da cozinha que o pomar, a horta, a queijaria e a doçaria se expandem como novos espaços de uso e visitação, cheios de atrativos, em razão da valorização dos produtos provenientes da cultura popular mineira, compondo a gastronomia contemporânea de Minas Gerais.

O uso da fruta de época é hoje um desafio que possibilitará maior aproveitamento da fruta nativa. Além disso, favorecerá a expansão dessas frutas para produção em escala e o consequente fortalecimento de outras áreas produtivas de frutíferas. A cozinha e a gastronomia são vetores para esse desenvolvimento, a exemplo da jabuticaba na cidade de Sabará e do pequi no norte do estado de Minas Gerais. No período da colheita, essas frutas favorecem a diversidade de pratos e bebidas típicas, incrementam o turismo e a geração de renda fomentada pelo consumo da fruta de época.

Com exceção do café e da cana-de-açúcar, a produção de frutas em Minas desenvolveu-se de maneira surpreendente na contemporaneidade. O desenvolvimento técnico foi capaz de intensificar os processos produtivos de modo a ampliar a diversidade e a qualidade tipo exportação.

Além da fruta *in natura*, outros subprodutos, como as gorduras das frutas, ricas em vitaminas e antioxidantes, ganharam espaço especial. Usadas nas dietas mais saudáveis do mundo, são muito saborosas, como o azeite de oliva, que é exemplo universal. Em Minas Gerais, encontram-se também diversas outras gorduras retiradas de frutos, como o óleo de abacate produzido na cidade de São Sebastião do Paraíso, no Sul, e o óleo de coco macaúba produzido na cidade de Jaboticatubas, cujo uso é tradicional e a produção inovadora em escala (Primórdios, 2019). Destacam-se também na gastronomia o óleo de pequi e óleos essenciais de flores e plantas.

## FRUTAS DOS QUINTAIS

### Família *Myrtaceae*

É a família que mais representa as frutas nativas dos quintais mineiros, com potencial de uso e de produção comercial muito pouco explorado em comparação com as frutas de clima temperado produzidas no Brasil. Maior família da ordem, apresenta cerca de 130 gêneros, com aproximadamente 4 mil espécies. Constitui uma das mais importantes famílias de angiospermas no Brasil, com espécies em todos os biomas, na maioria com frutos carnudos e comestíveis para o ser humano (Gil, 2005).

**GOIABA *(Psidium guajava)***

Fruto de múltiplo uso, cuja polpa pode ser congelada. Oriundo da Mata Atlântica brasileira, tem nome de origem tupi que significa "sementes aglomeradas" (Gil, 2005, p. 130). Em Ponte Nova, o excedente ao consumo da família era vendido para gerar renda (Guta *et al.*, 2013, p. 51). Seu uso na doçaria remonta às primeiras décadas do século XX em São Bartolomeu e Barão de Cocais.

**GABIROBA *(Campomanesia xanthocarpa)***

A gabiroba é uma planta nativa do Brasil. Seu nome tem origem guarani e quer dizer "árvore de casca amarga". É usada em preparos de geleias, sorvetes, doces, mousses, espumas aeradas e licores.

**CAGAITA DO CERRADO *(Stenocalyx dysentericus)***

Consumida *in natura* no pé. De sabor ácido e agradável, tem forte efeito laxativo.

**PITANGA *(Eugenia uniflora)***

Nativa do Brasil e fruta de quintal, com a pitanga se faz geleias, sorvetes, saladas, sucos, licores, vinhos e vinagres.

**JABUTICABA *(Plinia cauliflora)***

Usada em diversos preparos na cozinha, como geleias, sorvetes, doces, licores, picolés, tortas e até fermentados alcoólicos, a jabuticaba é considerada a fruta mais brasileira que existe. Em Sabará, há o hábito de alugar árvores por hora para degustação da fruta.

**UVAIA *(Eugenia pyriformis)***

É usada em sucos, sorvetes, vinagres e geleias. Seu nome é derivado do tupi e significa "fruto azedo". Tem sabor adocicado e polpa ácida e gostosa. "No Brasil, era feita a infusão em cachaça das frutas de uvaia junto com as de cambuci." (Gil, 2005, p. 138)

***Diversidade das frutas dos quintais***

A diversidade de frutas em Minas Gerais representa uma amostra da variedade brasileira, com espécies nativas cujos potenciais culinário e gastronômico ainda são muito subutilizados. Na pesquisa feita pelo Programa Primórdios em Tiradentes, ficou evidente que a manutenção da fruta de quintal nas pousadas é um atrativo turístico das cidades.

**Acerola (*Malpighia emarginata*)**

Usada *in natura* em sucos e pratos doces e salgados, é rica em vitamina C.

**Amora (*Rubus spp.*)**

Usada *in natura* ou no preparo de sorvetes, sucos, licores, mousses, vinhos, geleias, doces, molhos e saladas, a amora faz parte da memória dos quintais mineiros.

**Caqui (*Diospyros kaki*)**

A fruta madura é uma sobremesa. Para amadurecê-la, costuma-se colocar álcool em seu caule.

**Carambola (*Averrhoa carambola*)**

Consumida *in natura* de tão saborosa, é muito utilizada em preparos de drinques, geleias, doces, licores e serve para finalizar saladas e tortas de maneira lúdica.

**Manga (*Mangifera indica*)**

Fruto indiano que ganhou o mundo, a manga em Minas vira doce, geleia, suco, molho, recheio e sopa, consumida verde ou madura. É a primeira fruta de todo quintal, principalmente nas Gerais.

**Maracujá (*Passiflora edulis*)**

É usado no preparo de chás a sobremesas. As propriedades calmantes da fruta, substâncias alcaloides e bioflavonoides, atuam no sistema nervoso central.

**Marmelo (*Cydonia oblonga*)**

Uma das primeiras frutas trazidas de Portugal, o marmelo deu nome a uma cidade do sul de Minas: Marmelópolis. A marmelada foi inspirada na receita do doce dessa fruta.

## Família *Rutaceae*

*Rutaceae* é a designação atribuída a uma família de angiosperma, ou seja, plantas com flor. É constituída por cerca de 150 gêneros, que englobam mais ou menos duas mil espécies. Os membros dessa família apresentam geralmente sabor amargo e ácido, e estão associados aos citrinos, como o limão e a laranja. Na cozinha e na gastronomia, são agentes de acidez e sabor nos mais diversos preparos. Na gastronomia, a produção industrial de sucos é muito valorizada.

**CIDRA**
**(*Citrus medica*)**

Era usada pelos indígenas e pelos cristãos novos (os judeus a usavam desde 136 a.C.) que chegaram à região mineradora. Por isso, no período colonial, a cidra estrelava nas fazendas de Minas. Consumida *in natura*, com a polpa ralada são feitos doces em calda e as cascas podem ser cristalizadas ou usadas para fazer geleias e saborosos doces, que são servidos com queijo e, até hoje, representam a doçaria mineira de raiz de maneira incontestável.

**LARANJA**
**(*Citrus cinensis*)**

Usada em sucos, refrescos, doces, geleias especiais, óleos essenciais, das flores e folhas podem ser feitas águas perfumadas e chás. A laranja é rica em vitamina C.

**LIMA**
**(*Citrus aurantifolia*)**

Usa-se a casca da lima em refrescos e a fruta pode ser consumida ao natural. Seu nome tem origem indiana e significa "perfume dentro" (Gil, 2005).

**LIMÃO ROSA**
**(*Citrus x limonia*)**

Originário do sudeste da Ásia e da China, o limão rosa, limão-cravo ou limão-capeta, como também é conhecido em Minas Gerais, seria o ancestral de todas as variedades doces da espécie.

**MEXERICAS E TANGERINAS**
**(*Citrus reticulata*)**

Frutas asiáticas que chegaram ao Brasil no final do século XIX. Além de consumidas *in natura* ou em sucos, principalmente no verão do Brasil por serem refrescantes, são utilizadas também em saladas, molhos, sorvetes e doces.

## FRUTAS QUE DEIXARAM DE SER APENAS FRUTAS

Na cozinha mineira, algumas frutas transformaram-se em bases de preparo ou em produtos que superaram a fama da própria fruta. Isso ocorreu em razão da alta capacidade técnica empregada na produção e utilização na cozinha e na gastronomia mineiras.

### Abacaxi (*Ananas comosus*)

Usado *in natura* em sucos e em pratos doces, salgados, chás e bebidas. É consumido assado em pratos emblemáticos, como lombo com abacaxi e o doce chamado amor em pedaços.

### Azeitona (*Olea europaea*)

Com base no sucesso do cultivo de oliveiras, produtores rurais de várias cidades mineiras optaram pelo cultivo de oliveiras em suas propriedades e produzem azeites de alta qualidade. A Fazenda Experimental de Maria da Fé é pioneira em pesquisas em olivicultura e extração de azeite extravirgem genuinamente brasileiro.

### Banana (*Musa acuminata*)

Responsável pela sobrevivência de muitas pessoas durante a fome na Minas colonial, a banana é usada em doces, biomassa, salgados, cremes, sobremesas e caldos.

### Café (*Coffea*)

Sua grande importância como maior produto do Brasil, e segundo do mundo, confere à fruta caráter especial, tratado no pilar das bebidas.

**Mamão (*Carica papaya*)**

De grande relevância na gastronomia mineira, o mamão é usado como legume e em doces. É consumido *in natura* em sucos e vitaminas. O miolo de seu caule é aproveitado em um doce tipo doce de leite, que se assemelha a doce de leite com coco e é muito apreciado (Christo, 1975).

**Marmelo (*Cydonia oblonga*)**

O Brasil é um dos poucos países em que o marmelo é considerado fruta; no restante do mundo, é consumido como hortaliça.

**Pequi (*Caryocar brasiliense*)**

De uso versátil, em pratos que trazem referências regionais mineiras do norte de Minas e em preparos de licores, conservas, sorvetes e temperos. É o recurso natural mais relevante na cultura material e imaterial do norte de Minas.

**Urucum (*Bixa orellana*)**

Fruto do urucuzeiro ou urucueiro, árvore da família das bixáceas, o urucum é importante na gastronomia mineira como corante alimentício (Nunes, 2018).

## DUO DE PORCO AO MOLHO DE VINHO DE JABUTICABA E VEGETAIS ASSADOS

*Marcus Vinícius de Carvalho*

| Rendimento: aproximadamente 4 porções | Cidade ou região: região mineradora de Minas Gerais |
|---|---|

600 g de barriga de porco com uma boa quantidade de carne e gordura

Sal a gosto

Pimenta-do-reino preta moída

500 ml de vinho de jabuticaba

200 g de açúcar mascavo

1 pau de canela

1 anis-estrelado

500 ml de vinho branco

1 folha de louro

100 g de farinha de trigo comum

1 ovo batido

100 g de farinha de milho flocada ou farinha de mandioca não torrada

½ porção de costelinha de porco cozida como carne de lata (receita no Pilar V)

500 ml de óleo para fritar

250 g de abóbora-moranga (acompanhamento)

250 g de minicebolas (acompanhamento)

3 espigas de milho-verde picadas em rodelas (acompanhamento)

1. Tempere a barriga de porco com sal e pimenta-do-reino preta e reserve na geladeira por cerca de 1 hora.
2. Prepare o molho de vinho de jabuticaba fervendo-o com açúcar mascavo, canela e anis-estrelado até obter uma calda não muito espessa. Se ficar muito doce, ajuste com mais vinho de jabuticaba ou com vinagre de vinho tinto.
3. Prepare a barriga de porco cozinhando-a na pressão com o vinho branco e a folha de louro por cerca de 30 minutos. Retire da pressão, extraia a pele e corte a carne em cubos grandes de 4 cm, aproximadamente. Reserve tanto a pele quanto o caldo do cozimento para reutilizar em preparos posteriores.
4. Envolva os pedaços de barriga de porco em farinha de trigo, depois no ovo batido e, por fim, na farinha de mandioca ou de milho.
5. Aqueça o óleo e frite os pedaços de barriga de porco até ficarem bem dourados.
6. Como acompanhamento, podem ser usados abóbora, minicebola e milho-verde assados em forno baixo (150 °C), temperados com sal, regados com azeite de oliva e envoltos em papel-alumínio.
7. Monte o prato com os vegetais na lateral, a costelinha confit e a barriga empanada. O molho pode ser servido ao lado das carnes ou sobre a costelinha.

*Duo de porco ao molho de vinho de jabuticaba e vegetais assados*

## Pilar V – Carnes e derivados de animais

> *Ouvindo o chiar do carro de bois, os chamados dos bezerros e das vacas, os berrantes dos vaqueiros, não pensamos nisso, mas ali estão ainda vivas as carnes que vão dar-nos força, resistência e alegria.*
>
> (Pe. Lauro Palú, 2015)

Usado para desbravar o sertão, o boi chegou a Minas principalmente pelo caminho do gado ou dos currais (Bahia, Espírito Santo e Minas Gerais) e fornecia a carne, o leite e o couro. O couro e o queijo estavam entre os primeiros produtos exportáveis do estado de Minas Gerais. Durante os séculos XVIII e XIX, as mulas cargueiras chegavam pelos caminhos das Minas com gêneros diversos, como tecidos e utensílios, e voltavam carregadas de couro de boi, queijo e toucinho salgado. Em 1816, já era possível encontrar em Minas Gerais rebanhos bovinos de um único proprietário, com mais de setecentas cabeças na região mineradora (Saint-Hilaire, 2011).

Já o porco se instalou de maneira generalizada nos inúmeros quintais das casas de Minas Gerais, inserindo-se perfeitamente na dinâmica familiar. Ele tinha a seu favor um ciclo de abate menor e, em razão do modo de conservação, a carne poderia ser salgada ou guardada na própria gordura (confit), bem como ser armazenada para consumo por muito tempo.

As aves (galinhas, gansos, patos e marrecos) também eram usuais nos quintais. Elas forneciam os ovos, base para doces e quitandas. Os machos e as aves não poedeiras eram abatidos para consumo no domingo ou em dias festivos e especiais, já que a conservação da carne não ocorria com a mesma facilidade apresentada pelas carnes do porco e do boi.

Os peixes usualmente eram deleite dos dias de pescaria ou ficavam restritos às regiões ribeirinhas. A Quaresma e a Semana Santa representam outro momento importante de consumo de peixes. Nesse período, o bacalhau é o peixe mais consumido, seguido por tilápia, surubim, cascudo e outros peixes de mar, que são importados.

## PORCO

O porco é onívoro, assim como o homem. Come tudo o que o homem come, motivo pelo qual sua criação se tornou tão popularizada. A regulamentação indica que a indústria castre os machos antes de iniciarem a fase adulta, pois os hormônios de um animal macho adulto interferem no sabor da carne. No Brasil, encontram-se principalmente as raças de porcos selvagens Caititu, Queixada e Javali. Há também as raças brasileiras: Piau, Caruncho, Canastra, Moura, Monteiro, Pirapetinga, Nilo, Pereira e Tatu.

## *Cortes peculiares*

### *Copa lombo*

Ou cabeça de lombo, sobrepaleta. A melhor parte para uma boa linguiça.

### *Bochecha*

Na Itália, a bochecha é usada no preparo do *guanciale*, curado e maturado, sem defumação. O autêntico sabor de porco no molho carbonara. Em Minas, esse corte foi redescoberto e é usado nos restaurantes da cozinha mineira contemporânea.

### *Bacon*

No Brasil, o bacon é feito com a barriga, mas na Europa ou na América do Norte ele também pode ser feito com o lombo.

### *Banha ou toucinho*

Banha é a gordura que está entre os órgãos na barriga. O toucinho vem da gordura subcutânea. Os dois podem ser usados para cozinhar, mas a banha tem durabilidade menor.

***Redanho***

Membrana gordurosa da barriga, quase um véu, que envolve órgãos. Presente no chouriço, embutido de sangue e temperos, serve muito bem como envoltório natural para preparações com carnes. É muito usado na culinária europeia.

***Barriga de porco***

Entrega ao mesmo tempo três texturas ou sensações diferentes ao paladar: a crocância da pele, a maciez e a untuosidade do toucinho, e a textura fibrosa da carne.

***Mãozinhas e pezinhos***

Assim são chamadas em Minas as patas dianteiras e as patas traseiras do porco, usadas em preparos distintos. As patas dianteiras são mais carnosas.

***Focinho e orelha***

Salgados, são essenciais na feijoada completa. É raro o focinho e a orelha de outros animais serem usados dessa maneira.

### *Porco no barro na versão do Programa Primórdios da Cozinha Mineira*

Diferentemente da carne de lata tradicional mineira, em preparos confit cozinha-se a carne em temperaturas mais amenas. A carne de lata em Minas é frita na gordura do porco a aproximadamente 180 °C; já no confit, técnica francesa, o cozimento da carne é mais lento, em torno de 120 °C. O ponto comum entre as técnicas é o cozimento em gordura (de porco, pato, ganso, azeite etc.) e o armazenamento na própria gordura do cozimento. No final do capítulo, apresentamos a receita de carne de lata à moda confit.

## BOI

A carne bovina é a principal fonte natural de vitamina B12, que combate a anemia.

***Charque***

Charque, carne-seca e carne de sol (ou de sereno) não são iguais. A cura da carne de sol é feita tradicionalmente ao sereno da noite e leva menos sal. O charque contém mais sal e partes mais gordurosas, é mais seco e, por isso, conservado por mais tempo em viagens.

***Carnes gordurosas (como costela de boi)***

Essas carnes são assadas atualmente em fogo de chão, mas também podem ser feitas ensopadas, como na vaca atolada, preparo antigo com mandioca e cenoura.

***Entranhas (fígado/tripa/dobradinha)***

O fígado do Mercado Central, por exemplo, é acebolado. As tripas são usadas no preparo de linguiças. Já a dobradinha é feita com feijão-branco e dela também se extrai a renina, substância utilizada no coalho dos queijos mineiros.

***Carnes salgadas***

As carnes de sol ou de sereno são carnes bovinas produzidas principalmente no norte de Minas e no Vale do Jequitinhonha. São famosas no Brasil inteiro.

A carne de porco também é usada salgada, mas a salga é diferente da aplicada na carne de boi, cuja técnica envolve mais frequentemente o processo de salmoura que a salga direta.

***Mocotó/tutano***

Usada em caldos revigorantes, geleias doces e gelatinas.

***Cortes nobres***

Utilizados em churrascos, a bisteca, a chuleta, a picanha e o bife de chorizo são os cortes prediletos.

## AVES

Provenientes da Europa, África e Ásia, as aves são elemento fundamental na cozinha mineira, fonte de proteína de baixo custo e de fácil aquisição. As galinhas, de origem europeia, foram trazidas para o Brasil por Pedro Álvares Cabral em 1500 e em outras viagens a partir de 1502 (Hue, 2009).

***Galinha***

Por ter carne mais dura, a galinha é usada de preferência cozida em caldo, canja, pirão e galinhada, com farofa.

***Galinha-d'angola***

É usada cozida em ensopados, com mandioca, milho ou em sopa.

***Pato***

Utilizado assado em caldo, ensopado, peito recheado e fígado de pato acebolado.

***Codorna***

A codorna é feita recheada e seus ovos são cozidos ou usados em conserva e empanados.

***Frango***

Feito cozido com quiabo e angu, ora-pro-nóbis, refogado, defumado, recheado, assado, mexido com farinha de mandioca.

***Galo***

Usado em caldos como o galopé, clássico da cozinha rural de Minas Gerais.

***Peru***

É feito recheado, defumado, assado, em presunto e outros embutidos.

## PEIXES

A América do Sul detém a maior diversidade de peixes do mundo, e no Brasil aproximadamente 12% das espécies estão em Minas Gerais. No estado, as famílias de peixes com maior número de espécies descritas são a *Loricariidae* (representada pelos populares cascudos), a *Rivulidae* (que contém os peixes temporários) e *Characidae* (que engloba lambaris ou piabas).

Das 15 bacias mineiras, sete se destacam em termos de riqueza: a bacia do rio São Francisco, com 173 espécies; a do rio Paranaíba, com 103; a do rio Grande, com 88; a do rio Doce, com 64; a do rio Paraíba do Sul, com 55; a do rio Mucuri, com 51; e a do rio Jequitinhonha, com 35.

O baixo consumo de peixe em Minas Gerais é cultural, e não pela baixa oferta. Isso tem sido alterado pouco a pouco em razão do reconhecimento da importância nutricional desse insumo. Assim, criações de trutas, camarões de água doce e tilápias estão em franco crescimento no estado.

## OVOS E MEL

O mel foi um dos primeiros alimentos consumidos em Minas Gerais pelos estrangeiros. Existente na natureza, era a base da alimentação de bandeirantes e mineradores. No estado, destaca-se a cidade de Santa Bárbara, conhecida como Cidade do Mel (Hue, 2009).

Quanto aos ovos, seu uso na cozinha mineira foi principalmente herança portuguesa: na doçaria e nas quitandas (Christo, 1997). No período das fazendas, no século XIX, observou-se o aumento do consumo e da produção no estado, quando se passou a consumi-los quentes no café da manhã, fritos e cozidos nas refeições.

Para garantir a produção de ovos, as galinhas eram preservadas do abate e consumidas após o período produtivo, em ocasiões especiais e aos domingos. Os ovos *in natura* tinham consumo restrito às pessoas escravizadas e aos indígenas (Candido, 2014), já nas fazendas os ovos eram usados em quitandas.

## FRANGO CAIPIRA COM PALMA (CACTO)

*Luciano Avellar*

Rendimento:
6 porções

Cidade ou região:
Diamantina, distrito de Mendanha

2 kg de palma

2 kg de frango caipira

2 cebolas

1 cabeça de alho

2 pimentões grandes

Salsinha a gosto

Cebolinha a gosto

1. Retire os espinhos da palma e corte-a em pedaços bem pequenos.

2. Fermente a palma, deixando-a coberta com água e 1 colher de açúcar por 24 horas.

3. Refogue a palma com alho, cebola e pimentão.
4. Em outra panela, cozinhe o frango.

5. Depois de cozinhar o frango, acrescente a palma, a cebolinha e a salsinha.

6. Sirva o frango em pedaços, acompanhado de angu.

*Frango caipira com palma (cacto)*

## Pilar VI – Farinhas, grãos, quitandas e pães

*O próprio Jesus Cristo sentiu que é sagrado o pão, preciosa a farinha e boas as quitandas que a família humana e divina partilha ao redor da mesa, na festa, nas dores, na visita, no aniversário.*

(Pe. Lauro Palú, 2015)

As farinhas são um ingrediente bastante antigo. Achados arqueológicos evidenciaram descobertas de utensílios rústicos usados na trituração de grãos há, pelo menos, 75 mil anos. Datados de milhares de anos, desenhos egípcios que ilustram operações com farinha complementam as evidências da origem do ingrediente.

Farinhas podem ser obtidas de diferentes grãos de cereais, sementes e raízes moídos: araruta, arroz, centeio, cevada, soja, milho, grão-de-bico, triticale, sarraceno, mandioca, aveia, lótus, batata, amêndoa, trigo, painço etc. Elas são ingrediente básico de incontáveis produtos alimentícios, como massas, quitandas e bebidas. Todos os grãos podem ser moídos para se tornar farinha, isso faz com que os cereais sejam mais bem aproveitados para consumo humano.

A obtenção do pó desidratado resultante da moenda de grãos ocorria por operações manuais em moinhos rotativos ou pedras de moinhos. No início, a energia que fazia o equipamento funcionar era fornecida por animais, mas a evolução trouxe inovações que possibilitaram o uso da força de vento, água, engrenagens e outras características avançadas, até se chegar ao processo industrial automático. Ainda assim, apesar dessas transformações, as técnicas mais rústicas ainda são largamente utilizadas em todo o mundo.

Farinha é um ingrediente com aceitação praticamente universal e artigo básico de alimentação. Da produção, o que não é direcionado ao consumo humano torna-se farelo, voltado para consumo animal.

Em alguns países, como Itália, há ampla utilização da farinha de trigo, com variação da espécie do grão e da granulação a fim de encontrar a ideal para cada preparo. Isso a torna um dos itens principais da alimentação popular da nação e base da dieta.

Com as modificações atuais na alimentação humana com vistas à saúde e em razão da descoberta do potencial de muitos alimentos, farinhas de vários tipos de cereais, oleaginosas, leguminosas, raízes, sementes, tubérculos, folhas, frutos e frutas passaram a compor receitas. Hoje é possível encontrar farinhas de banana-verde, berinjela, chia, coco, feijão-branco, maracujá, quinoa, uva, batata-doce, inhame, beterraba, amaranto, amendoim, sorgo, maca peruana, macadâmia, tremoço e até jabuticaba.

Cada farinha tem uma especificidade para tornar-se essencial no preparo de alguma iguaria. Isso depende de sua composição, que pode tanto proporcionar volume e densidade à preparação quanto emprestar cor, aroma e sabor peculiares, bem como aumentar a versatilidade e favorecer boa adequação na mistura com outros ingredientes.

Um estudo da Organização das Nações Unidas para Alimentação e Agricultura (FAO), entidade que calcula e divulga anualmente a quantidade de alimentos consumidos no planeta, evidenciou que alguns dos produtos mais populares do mundo (trigo, mandioca, arroz, milho) são processados em sua grande maioria como farinha (FAO, 2018).

Ingrediente simples, as farinhas estabeleceram-se também como elemento complexo e fortemente arraigado à história por serem um dos produtos mais importantes nos campos econômico, cultural e social.

## MILHO

Denominado grão das Américas, o milho é um dos ingredientes mais versáteis do mundo e de grande importância na cozinha mineira. A variedade e a qualidade do milho em Minas são resultado das diferentes técnicas de produção ou da espécie utilizada. Pratos emblemáticos da cozinha mineira são feitos com esse ingrediente: curaus, mingaus, doces, milho cozido com sal e manteiga, pamonhas, bolos, pães e broas.

### *Tipos de farinha de milho em Minas Gerais*

As farinhas de milho variam conforme o modo de preparo (em água ou seca), a granulometria e o ponto de torra. Todas são empregadas no preparo de diversas iguarias, como bolos, pães, cuscuz, moquecas, ou polvilhadas sobre a refeição etc.

#### *Farinha de monjolo*

A farinha de milho feita no monjolo é fina e apresenta boa quantidade de amido. Ela é ideal para ser degustada temperada e substitui muito bem a farinha de mandioca.

#### *Amido de milho*

O amido de milho é um polissacarídeo formado pela união de moléculas de glicose, amilose e da amilopectina. Com a função de ressecar e dar leveza ao preparo, ele é usado em sequilhos, brevidades, sopas, mingaus e, quando utilizado para complementar a farinha de trigo, torna mais leves também bolos. Quando na produção do amido são empregados processos adequados, ele não contém glúten.

#### *Farinha de milho flocada*

É feita com o fubá umedecido e seco novamente para formar grumos. Ela é ideal em preparos com feijão-tropeiro e tem aspecto flocado.

#### *Fubá artesanal de milho feito em moinho d'água*

O que diferencia esse fubá dos outros é o processo milenar de trituração grão a grão, em contato com a pedra de moinho movido a água. Por ser feito com o grão integral, tem muito mais sabor. Ao usar a pedra para triturar, evita-se a contaminação do grão por metais pesados, como ocorre em processos industriais.

***Farinha de milho pubada***

Conhecida também por farinha de puba, a farinha pubada é feita com a massa do fubá fermentada (ou pubada) e peneirada. Seca, crocante e ácida, é usada em bolos, bolinhos, cuscuzes doce e salgado. Essa farinha dispensa o uso de fermento nas receitas.

## MANDIOCA: O PÃO DA TERRA

Assim como a farinha de milho, a farinha de mandioca deu origem aos principais pães e quitandas tradicionais da cozinha mineira. Essas farinhas ainda são feitas de maneira rudimentar nas chamadas casas de farinha ou em moinhos artesanais, conforme levantamento do Instituto Estadual do Patrimônio Histórico e Artístico de Minas Gerais (Iepha), em 2019/2020. Nos processos industriais da farinha de mandioca e do polvilho, não foram desenvolvidos equipamentos capazes de manter a qualidade do produto artesanal, cuja oferta no país é grande.

A farinha de mandioca ainda é produzida em casas de farinha, com mão de obra familiar e/ou participação de membros da comunidade. As etapas de produção abrangem colheita do tubérculo, lavagem, descascamento, ralamento, prensagem, peneiramento e torração. Já existe uma produção com algumas etapas mecanizadas, mas não em escala industrial.

Nas casas de farinha, ainda são usados os seguintes instrumentos: caititu, instrumento provido de um rebolo, ou cilindro com serrilha para ralamento da mandioca; cocho, pedaço de madeira escavada, com formato de calha, para colocar as raízes descascadas e esmagar a massa antes de passá-la na prensa; peneiras, para depositar a massa ralada; tacha, panela larga de metal para torrar a farinha. Outros utensílios também usados são: cestos chamados paneiros, usados para depositar a mandioca ralada; peneiras; caçuás, utensílios usados para transportar as raízes da mandioca até a casa de farinha; cambito ou cangalha, armação de madeira destinada ao suporte dos caçuás no transporte da carga em lombo de animal; facas para raspar as raízes da mandioca e vassouras para varrer a casa de farinha.

Nas casas de farinha mais rústicas, ainda são utilizados também instrumentos arcaicos como tipiti, tipo de prensa feita com fibras de jacitara, e taquara, cesto com trançado duplo, especial, cilíndrico, utilizado para o escoamento do líquido venenoso da mandioca. A representação desse utensílio em pinturas rupestres encontradas em Minas atesta seu uso pelas antigas populações indígenas da região.

### *Cultura da mandioca*

A farinha é o principal produto da mandioca, que, por sua vez, é o produto mais popular da alimentação brasileira desde o início da colonização. A farinha de mandioca é usada por todos os estratos da população e está presente tanto em pratos cotidianos mais simples quanto em outros mais finos e elaborados. Assim, ocupa lugar de destaque no sistema culinário nacional e regional, desempenhando em algumas regiões do país relevante papel na construção de identidades culturais.

***Polvilho***

O polvilho é um subproduto das casas de farinha. Ele não é uma farinha, mas, sim, uma fécula de suma importância na produção de quitandas na cozinha mineira, cuja produção ainda é feita de modo artesanal.

## OUTRAS FARINHAS

O complexo sistema apresentado pelas farinhas abrange um conjunto articulado de aspectos históricos, econômicos e socioculturais que lhes conferem posição peculiar entre os demais produtos agrários produzidos no mundo. Com o passar dos tempos, técnicas de fabricação foram aperfeiçoadas graças a pesquisas científicas, seleção dos produtores, cultura dos gêneros destinados à produção e dietas especiais.

Além das já citadas, existem também farinhas de amendoim, feijão, verduras, legumes, castanhas e sementes, hoje muito usadas em dietas diversas. Conhecer os modos de produção e os melhores usos é um desafio. Em Minas, destacam-se as farinhas de trigo, araruta, frutas, batata-doce e inhame.

### *Farinha de trigo*

Por ser escassa, no período colonial era usada apenas em pães de datas comemorativas. A falta desse ingrediente foi responsável pelo desenvolvimento de outras farinhas em substituição, como as de batata-doce e inhame (e.g. Hilaire, 2011).

### *Farinha de araruta*

Feita com a planta de mesmo nome, a farinha de araruta foi muito usada na segunda e terceira fases da cozinha mineira durante o período das fazendas e para prover as primeiras padarias de Belo Horizonte, como ingrediente de sequilhos e acrescidos à alimentação de bebês recém-nascidos antes da criação de leites para esse fim. Muito fina, é ótima para sequilhos e mingaus.

### *Farinha de frutas*

Com a técnica de desidratação, muitas frutas ou suas cascas podem se transformar em farinha para aproveitamento integral dos alimentos ou para descobertas de novos sabores.

### *Farinha de batata-doce, inhame, amendoim e castanhas*

Seu uso foi retomado na contemporaneidade em dietas especiais, como as sem glúten e low carb. As farinhas de amendoim e de castanhas hoje são usadas na dieta low carb.

## PÃES E QUITANDAS

As quitandas em Minas representam um importante nicho para o desenvolvimento econômico local. Na cidade de Congonhas, o Festival de Quitandas está na 22ª edição e é muito reconhecido; no distrito de Cocais e em Barão de Cocais, a Festa da Quitanda é atração cultural, que gera renda e atrai turismo.

O nome "quitanda" tem origem africana. Quem faz quitanda denomina-se quitandeiro. Em 2018, essa profissão foi oficialmente reconhecida pelo estado de Minas Gerais.

De larga produção e feitos com farinha, os biscoitos rosquinha e tareco são preparados com técnicas e receitas diversas. Tradicional produtora dessas quitandas, a cidade de São Tiago promove eventos e exporta o produto. Já a cidade de Itabirito tem no pastel de angu sua quitanda; Lagoa da Prata, o rocambole; e Campanha, a empada.

Quanto aos pães de Minas, há os pães de minuto, aqueles feitos na hora, com o uso de fermento químico. De milho, trigo ou polvilho, eles eram preparados quando as visitas chegavam, sem necessidade de pôr a massa para descansar, e podiam ser fritos ou assados. Já os pães levedados, que contêm levain ou fermento biológico, começaram a ser produzidos tardiamente em Minas pela falta de trigo. As primeiras padarias datam do início do século XIX e foram fundadas por portugueses, italianos e alemães. É importante mencionar também as broas, herdadas de Portugal, que continham milho em vez de trigo. Há uma infinidade de receitas de broinhas.

## PÃO CASEIRO DE CARÁ

*Luciano Avellar*

Rendimento: 15 porções

Cidade ou região: Barbacena

250 g de cará cozido
20 g de açúcar refinado
5 g de sal refinado
24 g de margarina
3 g de erva-doce
1 ovo
10 g de fermento biológico seco
250 ml de água morna
540 g de farinha de trigo

1. Cozinhe o cará e triture até obter um purê.
2. Em uma tigela, misture o açúcar, o sal, a margarina, a erva-doce e o ovo. Bata até ficar homogêneo.
3. Acrescente o creme de cará e misture bem.
4. Em outro recipiente, coloque a água morna e o fermento, e deixe descansar até crescer. Em seguida, acrescente essa esponja de fermento ao creme.
5. Coloque a farinha aos poucos, envolvendo todos os ingredientes. Sempre que estiver homogêneo, adicione mais farinha. Misture até a massa soltar da tigela.
6. Cubra e aguarde dobrar de volume.
7. Coloque a massa sobre uma superfície enfarinhada e modele os pães no formato desejado.
8. Disponha em uma assadeira e deixe crescer novamente, até dobrar de volume.
9. Asse por, aproximadamente, 25 minutos ou até dourar, em forno preaquecido a 180 °C.
10. Harmonize com sucos, cafés e chás. Sirva puro ou com sanduíches ou torradas.

*Pão caseiro de cará*

# Pilar VII – Leiteria e derivados do leite

*Leite sadio e queijos sinceros variam nas regiões, mas a grande diferença vem é do capim que os animais comem e do carinho e da sabedoria dos que colhem o leite e o transformam.*

(Pe. Lauro Palú, 2015)

O pilar da leiteria contém um dos maiores representantes da força da produção alimentar do estado. O gado foi um dos principais modos de adentrar o sertão minerador do Brasil, por isso é possível afirmar que a criação de gado em Minas nasceu antes da criação do estado propriamente dito.

A produção de leite chegou praticamente com a cultura de fazer queijo trazida pelos imigrantes portugueses da ilha dos Açores. Hoje, no entanto, a cultura queijeira de Minas não "vive" apenas do modo de fazer queijo herdada dos açorianos, embora esse queijo denominado queijo de minas artesanal seja o mais produzido no estado. Outras culturas queijeiras também se desenvolveram, como a dos holandeses, com o queijo do reino; a dos franceses, com o queijo com fungos (casca florida); e a dos italianos, com o queijo parmesão.

A história do queijo em Minas é de sucesso. Na cultura queijeira de Minas, que já dura mais de trezentos anos, o mais importante é o modo de produzir o leite. O cuidado e a importância dados às matrizes leiteiras, sua genética, saúde e alimentação, tudo isso é garantia de um produto de qualidade diferenciada. Sejam queijos, sejam doces, iogurtes manteigas, entre outros, todos partem de um bom leite. E isso Minas Gerais sabe bem fazer...

## LEITE E DERIVADOS

O leite é um derivado animal de suma importância na humanidade. Para ser usado pelos humanos, demanda cuidados especiais, como o bom manejo dos animais, condições de saudabilidade do rebanho, boas práticas de ordenha, armazenamento e distribuição. Esse conjunto de condições adequadas determina diretamente a segurança sanitária e a qualidade do leite e de seus subprodutos. Os leites diferem no sabor mesmo quando provenientes de animais da mesma raça, de um mesmo pasto, pois cada um tem variantes, como idade, carga genética e alimentação, que influenciam no sabor do produto. O controle sanitário e a vacinação contra doenças são de suma importância, já que o leite tem alta capacidade de proliferar as doenças do rebanho nos subprodutos (Alzugaray, 1989). Destacam-se os seguintes subprodutos do leite:

***Proteína do leite e soro***

A proteína do leite é muito usada pela indústria alimentícia, que também utiliza o soro do leite no preparo de bebidas lácteas e outras receitas.

***Manteiga***

A manteiga do Santuário do Caraça foi comparada à manteiga dos Alpes Suíços pelos pesquisadores alemães Spix e Martius (1822).

***Requeijão***

Feito com massa de queijo aquecida e acrescida de manteiga ou creme de leite, o requeijão é muito tradicional em Minas. Pode ser encontrado em diversas texturas: cremosa, em copo; média, em prato; ou firme e morena, com ou sem raspas.

***Creme de leite***

Fresco, azedo, chantili industrializado ou orgânico, o creme de leite é sempre um bom ingrediente para doces e salgados.

***Iogurtes e coalhadas***

Produzidos no primeiro estágio de coagulação do leite, o iogurte e a coalhada são alimentos muito ricos e apreciados.

***Doce de leite, sorvetes e sobremesas com leite***

O leite é uma base perfeita para doces. Como exemplos, há o doce de leite de natas, o moreno, com café, com coco, para pudins, recheios e rocamboles, com doces de frutas, e picolés e sorvetes.

***Queijos***

O queijo é um dos alimentos mais antigos do mundo, rico em técnica e de complexos sabores e aromas. Um dos mais celebrados produtos alimentícios do mundo ao lado do pão e do vinho, ele completa a tríade da mesa na cultura ocidental. Em Minas, o queijo tornou-se representante da cultura do estado, pois um completo conjunto de características locais envolvidas no processo é evidenciado ao se promover a fermentação do leite cru, necessária à produção do queijo. O solo local, os animais, o clima, o cheiro, até a temperatura e o frescor podem ser sentidos por meio do queijo. Há também a própria assinatura do queijeiro e fatores chamados *terroir* pelos franceses – dito de modo faceiro pelos mineiros "trem-ruá", conforme expressão cunhada por Túlio Madureira, produtor do Serro. Observações à parte, essa capacidade de preservar as características locais faz dos queijos de leite cru um produto nobre e carregado de identidade.

A cultura queijeira chegou a Minas Gerais no século XVIII, com a "herança portuguesa, principalmente por aqueles vindos dos Açores" (Netto Mergarejo, 2014), e nunca mais saiu. Hoje, não há como se falar de Minas sem mencionar seus queijos. Mas, com tantos queijos produzidos, afinal qual deles é queijo minas?

Essa dúvida surgiu, principalmente, pela demora no reconhecimento e na criação de leis reguladoras e protetivas que assegurassem uma difusão correta das características e dos tipos de queijo minas, o que ocorreu apenas em 2008. Pode-se dizer que queijos minas são popularmente aqueles que descendem do modo tradicional de fazer queijo no estado: o modo artesanal. Assim, queijos minas seriam todos aqueles cuja produção engloba as variáveis do processo tradicional herdado dos portugueses no período colonial, com leite cru.

***1. Queijo artesanal de minas***

Queijo branco de leite cru ou semiaquecido, sem pingo (fermento lácteo local). O processo de produção é semelhante ao do Queijo Minas Artesanal (QMA). Não apropriado para longas curas, há apenas os tipos frescal ou meia cura.

***2. Queijo Minas Artesanal***

Há uma grande variedade de tipos artesanais em Minas Gerais, mas apenas o Queijo Minas Artesanal era reconhecido. A Lei 23.157/2018 reconheceu outros queijos e requeijões artesanais.

***3. Queijos industrializados***

Uma grande variedade de queijos de leite pasteurizado se desenvolveu em Minas Gerais, como ricotas, queijos cremosos, diet e light, receitas de queijos estrangeiros, a exemplo dos queijos de Cruzília e São Sebastião do Paraíso.

***4. Queijo minas padrão***

Feito com massa semicozida, tem sabor agradável de leite e/ou manteiga, mas a cura não ocorre fora da refrigeração.

**5. Queijo minas de leite pasteurizado (queijo frescal)**

Queijo branco de leite pasteurizado. Deve ser mantido sob refrigeração, pois o processo produtivo elimina as bactérias lácticas responsáveis pela maturação.

**6. Queijo Minas Artesanal (QMA) de leite cru**

Tem origem histórica no estado de Minas Gerais, com produção legalizada em três categorias: meia cura, com cerca de 11 dias de maturação em condições especiais; curado, com casca lavada e média de vinte dias de maturação, variando por microrregião; e com curas especiais, tais como fungos.

Existem registros da comercialização do Queijo Minas Artesanal de leite cru no mercado de Ouro Preto em 1750, citações de rebanhos com setecentas cabeças na cidade de Santa Bárbara (1816), bem como a descrição do processo produtivo do queijo da microrregião de Campo das Vertentes (1816).

Considerado patrimônio cultural imaterial brasileiro em 2008, o QMA mantém a tradição artesanal por sempre ser produzido com leite cru. São mais de trinta mil pequenos produtores distribuídos em seiscentos municípios mineiros. A produção foi ilegal até 2002, quando a Lei Estadual 14.185 regulamentou o processo e o produto passou a denominar-se Queijo Minas Artesanal.

Posteriormente, a Lei Estadual 23.157, de 2018, beneficiou mais de trinta mil produtores de queijo artesanal ao legalizar vários outros processos oriundos do leite cru, além de reconhecer a produção de queijo feito com leite de outros animais, como cabras, ovelhas e búfalas.

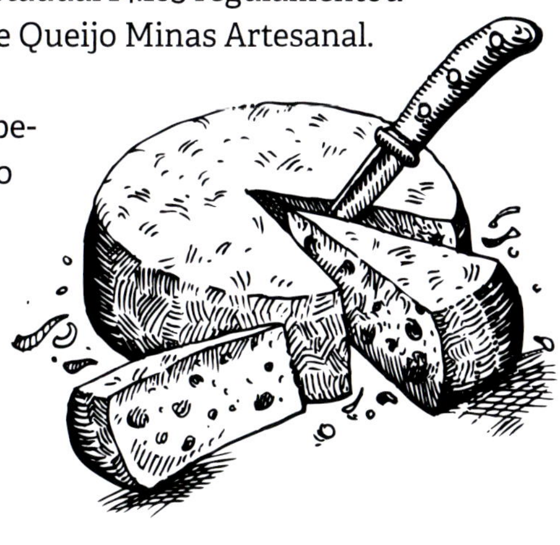

Em 2022, a região do Entre Serras, da Piedade ao Caraça, que já tem mais de duzentos anos na história de produção de queijo em Minas Gerais, foi reconhecida como mais uma microrregião produtora de QMA. Resultado do Programa Primórdios da Cozinha Mineira, teve apoios técnicos e políticos de outras instituições.

A variedade de queijos em Minas é muito extensa. Confira a seguir alguns territórios e sua produção queijeira variada: queijo de cabra, da região Campo das Vertentes; queijo de búfala, da Zona da Mata; queijo de Alagoa, no sul de Minas; queijo cabacinha, do norte de Minas; queijos com fungos e ácaros, de regiões em Minas; queijos muçarela, frescal, prato, trança, laticínios diversos; queijo parmesão, do Vale do Suaçuí; queijo do reino, da Zona da Mata; requeijão moreno, do norte de Minas; Queijo Minas Artesanal de leite cru (QMA), de várias microrregiões no estado; queijo artesanal de minas, da Serra do Ibitipoca; queijos com técnica internacional, de Cruzília e São Sebastião do Paraíso; queijo de ovelha, da cidade de Gonçalves, no sul de Minas.

### *O Queijo Minas Artesanal da microrregião do Entre Serras, da Piedade ao Caraça*

Minas Gerais herdou de Portugal também a religiosidade e, com ela, várias técnicas da produção alimentar monástica, como a do queijo Frei Rosário. Frei Rosário Joffily foi um religioso nascido em Pernambuco em 1913. Fez seus estudos eclesiásticos no mosteiro dominicano de La Tourette, na França, na cidade de Lyon. Lá esteve por dez anos, onde aprendeu a arte de maturar queijos com fungos.

Ao retornar ao Brasil, foi designado para o trabalho na Serra da Piedade, na época um lugar muito rústico, centro de romarias e penitências. A Serra da Piedade remonta à primeira fase da ocupação de Minas Gerais. Denominava-se Serra do Sabarabuçu, "serra resplandecente", na língua tupi-guarani, e teve papel primordial na história de Minas por marcar o local exato da região aurífera para os bandeirantes emboabas, que vinham da Bahia, e os paulistas. Dela também veio o nome da cidade de Sabará, um maciço de 1.726 metros de altitude.

Foi nessa serra que Frei Rosário, a partir de 1950, construiu a primeira cave de cura de que se tem notícia no Brasil. Nela, até o ano 2000, quando veio a falecer, ele exercia a função de afinador de queijos: não os produzia, mas os trazia da Serra do Salitre e os curava com fungos. Com seu falecimento, a famosa produção do queijo Frei Rosário foi extinta até 2012, quando houve o resgate da fabricação pelo Programa Primórdios. Em 2014, o queijo estava novamente pronto para consumo.

Em 2015, pela primeira vez, o queijo Frei Rosário e outros queijos mineiros maturados com fungos participaram de concursos na França e trouxeram a primeira medalha internacional dos queijos de Minas Gerais, que hoje somam mais de cinquenta prêmios internacionais.

A maturação em ambiente de caverna com fungos naturais e o processo de cura desenvolvido no Santuário por Frei Rosário foram pioneiros no Brasil, bem como o trabalho de afinador. O processo e a profissão de afinador foram reconhecidos em 2018 pela Lei 23.157 como processo de cura subterrânea, com possibilidade de o queijo ser "afinado" fora da sala de cura e usado por outros produtores no estado, tal como feito pelo frei.

Ao participar com seu corpo técnico do trabalho de resgate da maturação com fungos do queijo Frei Rosário na Serra da Piedade (2012 a 2014), o Senac MG promoveu e incentivou a produção dessa iguaria pelos produtores de QMA do estado. Isso deu origem a um queijo de qualidade reconhecida mundialmente, o que levou o QMA mineiro a receber os primeiros prêmios internacionais em 2015, na França, até ser declarado patrimônio imaterial da humanidade pela Unesco em 2024.

### ***Pão de queijo mineiro***

Nascido do polvilho e do excedente de queijos mineiros, o pão de queijo ganhou o mundo e, com isso, criou polêmica: de onde veio? Não há como afirmar exatamente sua origem, já que ele existia em outros lugares das Américas – como na Colômbia e no Equador, onde o *pan de yuca* é feito com polvilho, ovos e queijo –, mas é possível afirmar: o pão de queijo mineiro tem características próprias, entre elas, e mais importante, o uso do Queijo Minas Artesanal, que garante o aroma único dos queijos de leite cru.

## PÃO DE QUEIJO

*Dona Lucinha*

Rendimento: aproximadamente 10 porções

Cidade ou região: Serro

Dona Lucinha é uma personalidade de referência da cozinha mineira e representa vários modos de transmissão tradicional dessa cozinha. Suas receitas possibilitaram renda familiar e difusão da cultura alimentar mineira no Brasil e no mundo.

250 g a 300 g de queijo do Serro meia cura ralado grosso
1 kg de polvilho azedo
200 ml de óleo de algodão
200 ml de água
15 g a 20 g de sal
4 ovos
Leite frio q.b.
1 pitada de canela

1. Rale o queijo e reserve.
2. Despeje o polvilho em um recipiente de boca larga.
3. Em uma panela, aqueça o óleo, a água, o sal e despeje sobre o polvilho. Misture com uma colher até que a massa esfrie.
4. Com a palma das mãos, esfarinhe bem toda a massa.
5. Acrescente os ovos, despeje o leite aos poucos e vá sovando a massa vigorosamente até obter o ponto de enrolar.
6. Incorpore o queijo e uma pitada de canela. Misture levemente, sem sovar, usando apenas a ponta dos dedos.
7. Unte as mãos e faça bolas do tamanho que preferir, coloque em tabuleiro e leve ao forno já quente. Quando as bolas crescerem, reduza a temperatura para que os pães de queijo possam secar e corar. De modo geral, são necessários cerca de vinte minutos para estarem no ponto.

**OBS.:** o uso do sal e a quantidade de queijo podem variar de acordo com a cura do queijo. Menos curado, mais sal e mais queijo; mais curado, menos sal e menos queijo. Quanto ao tipo de polvilho a ser usado, doce ou azedo, pode-se utilizar qualquer um deles ou misturá-los em partes iguais, dependendo exclusivamente do gosto. Quando essa preciosidade alimentar foi criada, não se sonhava vê-la como produto de exportação, tal qual é possível testemunhar hoje.

*Acervo da família*

*Dona Lucinha*

## Pilar VIII – Doceria

*O cheiro, antes do quindim, o pé de moleque, o quebra-queixo, as caldas, receitas passadas de mão em mão, frutas da estação, compotas no armário como enfeite e no quarto escuro, amadurecendo...*

(PE. LAURO PALÚ, 2015)

Açúcar, ovos, leite, frutas e técnicas de convento. Esses foram os ingredientes utilizados pelos habitantes da capitania das Minas Gerais para compor sua complexa doçaria. As principais técnicas doceiras vieram da Europa, provenientes dos conventos. A cultura da culinária monástica também foi trazida pelo clero e por religiosos, a exemplo de mosteiros e casas religiosas, como Macaúbas, em Santa Luzia; Serra da Piedade, Asilo São Luís e Irmãs da Piedade, em Caeté; e o Santuário do Caraça, em Catas Altas. Em todos esses lugares existia um espaço exclusivo para a confecção de doces.

A doçaria brasileira já era um expoente no Nordeste desde o século XVII, principalmente em Pernambuco, com os primeiros engenhos de cana-de-açúcar. Da cultura ocidental, Minas recebeu a influência do modelo iluminista das novas cozinhas francesa e italiana, nas quais a confeitaria ganhava espaço e notoriedade.

Por muito tempo, a culinária mineira permaneceu pouco permeável a técnicas e culturas de outras matrizes, como a dos indígenas Cataguases de usar o moquém para realçar o sabor doce das frutas, ou as técnicas trazidas por negros escravizados durante a colônia, como a de produzir rapadura com frutas, até hoje feita no distrito de Posses, em Caeté.

Expandida para as casas, a cultura doceira se manteve em toda Minas Gerais. A produção de compotas, caldas, doces, geleias, pudins, balas e outros produtos de confeitaria, como rocamboles e canudinhos, e os famosos doces de casamento fizeram dela uma das mais importantes produções culinárias do estado de Minas Gerais (Garnier, 1895).

## AÇÚCAR

A história dos doces de Minas começa nos engenhos de açúcar com o modo de fazer o melado e a rapadura ou de clarificar o açúcar. A partir daí nasce a doçaria mineira (*Doceira brasileira*, 1851). No período colonial, para extrair o açúcar do caldo da cana havia três métodos: por meio de congelamento, em neve ou gelo; evaporação natural, como nas salineiras brasileiras; ou evaporação por fervura, feito em maior quantidade pela rapidez e versatilidade, com o método português que usava clara de ovos. Portugal chegou a proibir, por lei, a clarificação do açúcar em razão do excesso de claras de ovos empregadas (Costa Pereira, 1800).

O processo ainda existe com atuação de comércio excedente de produção em Minas Gerais, é praticado por poucas famílias de Jaboticatubas, Santa Bárbara e Caetanópolis (Primórdios, 2020) e faz parte da *Arca do gosto*, do Slow Food (Terra de Minas, 2018). A clarificação do açúcar, cuja coloração inicial se aproximava à coloração do açúcar mascavo de hoje, era feita pelos portugueses em engenhos brasileiros por meio do cozimento de ovos batidos em xarope de cana ou nata de leite, garantindo assim brancura e limpidez. O processo ocorria nos engenhos, nas casas de purgar.

## RAPADURA

A rusticidade do mineiro dispensava, muitas vezes, a clarificação do açúcar. Doces feitos de rapadura foram as primeiras estratégias para conservar as frutas de época. O uso da rapadura e do melado como calda de açúcar, com o amendoim nativo, o leite e o queijo deu origem às sobremesas mais antigas: pé de moleque, queijão (pudim) e rapaduras de frutas.

## DOCERIA TRADICIONAL DE MINAS GERAIS

### *Doces pastosos e em barras*

São para comer de colher ou, com ponto mais apurado, podem ser cortados em barras: goiabadas, marmeladas, mangadas, peradas e pessegadas (Primórdios, 2020), com uma variedade de técnicas como as elencadas a seguir:

***Doces duros***

Doces de leite, castanhas ou frutas com ponto de bala dura. São muito usados nas festividades do interior (Primórdios, 2020).

***Doces de grãos e legumes***

A doçaria mineira também é uma cozinha de fusão, por isso tem suas particularidades: doce de batata-doce, doce de milho-verde, doce de milho em canjica, doce de pau de mamão, talo de embaúba (Primórdios, 2020).

***Doces em calda***

Denominados também doces de compotas ou confit, normalmente eles contêm a fruta inteira ou partida em pedaços grandes. O ponto de calda ideal para esse doce é o ponto de pérola (108 °C), em que as bolhas da calda se assemelham a pérolas. Figo, laranja, goiaba, abacaxi, manga, carambola, jaca, papo de anjo são os mais comuns.

***Pastelaria portuguesa***

Descendentes dos doces de convento, à base de caldas e ovos. Em Minas, essa base foi mantida, acrescendo-se o leite, o que deu origem a rocamboles, pastéis de nata, pudins de claras e de leite, canudinhos, entre outros.

***Balas***

Com os pontos de calda, é possível fazer diferentes tipos de bala: bala delícia com ponto de *fondant*, bala dura e bala macia (Primórdios, 2017).

***Doces cristalizados***

Feitos com calda em ponto de espelho, a técnica também provém dos doces de convento. Trata-se de um trabalho criterioso e demorado. Ponte Nova é uma cidade famosa pelo uso dessa técnica; seu doce mais conhecido é o de figo com doce de leite e nozes (Primórdios, 2017).

## DOCERIA MODERNA DE MINAS GERAIS

A indústria doceira de Minas Gerais abrange os doces tradicionais, a confeitaria e a produção industrial de doces sem açúcar, que ocupa hoje fatia importante do mercado. O uso das frutas do Cerrado tem sido um diferencial (Pedrosa, 2019).

### *Sorvetes e picolés*

Sobremesas muito apreciadas, com diversas versões tradicionais e naturais de alta qualidade em Minas Gerais.

### *Doces de aniversário e chocolates*

Em festas de aniversário, era tradicional o uso de doces de ponto duro, feitos de leite e frutas. Atualmente, os doces de leite condensado e de chocolate têm ganhado mais espaço (Primórdios, 2020).

### *Tortas e pavês*

Originários dos doces de gabinete, sobremesa urbana, são feitos para consumo rápido e sem necessidade de longo armazenamento. Refletem os doces para recepção em casa (Primórdios, 2020).

### *Indústria de adoçantes*

Artificiais ou naturais, são uma opção para dietas especiais. A doçaria mineira é referência técnica para construção desse importante nicho de mercado na atualidade (Pedrosa, 2020).

### *Doce sem açúcar*

Existem várias receitas para quem deseja se alimentar de maneira saudável ou tem restrições alimentares. Versões de açúcar menos processado, como demerara e mascavo, orgânico ou purgado, podem ser uma boa opção (AAPD, 2015).

## ROCAMBOLE DE DOCE DE LEITE

*Mauro César de Paula*

Rendimento: 10 porções

Cidade ou região: Lagoa Dourada

12 ovos

Sal q.b.

12 colheres (sopa) rasas de açúcar refinado

12 colheres (sopa) rasas de farinha de trigo peneirada

2 ml de essência de baunilha

400 g de doce de leite de boa qualidade

Canela para polvilhar

1. Separe as claras das gemas de todos os ovos.
2. Bata as claras em neve firme com uma pitada de sal.
3. Acrescente o açúcar, colher por colher, mexendo devagar.
4. Adicione a farinha de trigo peneirada, colher por colher, mexendo com delicadeza.
5. Junte a baunilha.
6. Preaqueça o forno a 180 °C e leve a massa para assar por, aproximadamente, 30 minutos em tabuleiro médio, untado, enfarinhado e forrado com papel-manteiga.
7. Enfie um palito e verifique se ele sai seco e sem massa. Quando isso ocorrer, o rocambole estará assado.
8. Deixe esfriar um pouco e vire o rocambole em um pano de prato umedecido.
9. Passe o doce de leite sobre a massa e enrole o rocambole, apertando-o com o pano.
10. Polvilhe com canela e leve à geladeira até a hora de servir.
11. Sirva puro com café, como sobremesa ou acompanhado de sorvete.

*Rocambole de doce de leite*

# Pilar IX – Bebidas não alcoólicas e alcoólicas

*Água bebida na mão, sucos das*
*frutas ou chupá-las no quintal,*
*licor em taça colorida para o avô,*
*a comadre, o amigo, a visita, vinho*
*do Padre (e de Deus!), chás para*
*crianças, ainda há o que inventar.*

(Pe. Lauro Palú, 2015)

Base das bebidas, este pilar trata da água que nos mantém vivos e é um dos grandes diferenciais da cozinha e da gastronomia mineiras, presente no simples cafezinho ao acordar; na "guia", pinga servida como drinque antes das refeições; em um bom suco de frutas servido com o almoço; nos licores, boas alternativas para substituir as sobremesas. As bebidas também marcam presença no *happy hour*, com cervejas artesanais e sua carta de combinações diversas entre frutos e especiarias locais. Antes de dormir, os chás são muito bem-vindos. Para ocasiões especiais, vinhos brancos, tintos, rosés e espumantes, bem como fermentados de frutas locais são boas opções. Tudo isso pode ser encontrado na produção alimentar de destaque de Minas Gerais.

O desenvolvimento deste pilar foi fomentado pela completa gastronomia mineira, cuja modernização de processos tradicionais e criação de outros processos altamente técnicos, como a inversão do ciclo produtivo da uva com o apoio da Empresa de Pesquisa Agropecuária de Minas Gerais (Epamig), possibilitaram a produção de vinhos de alta qualidade no estado. Processos tecnológicos de ponta foram inseridos na produção de café e cachaça também de alta qualidade, o que resultou em títulos de reconhecimento mundial.

A gastronomia mineira trilha o caminho do aperfeiçoamento sem renunciar ao leque de aprendizado de origem proveniente da cozinha e da mesa presentes até o momento. A produção de bebidas alcoólicas prospera nas diversas esferas do estado, gerando renda e fortalecendo a identidade territorial. Exemplos são as cachaças da região de Salinas ou os fermentados de jabuticaba e mel de Catas Altas, os cafés e vinhos do sul e do cerrado, e as cervejas de Nova Lima e do sul do estado. O alto nível da produção de bebidas alcoólicas no estado com reconhecimento internacional apresenta um novo e grande desafio: trilhar o caminho do desenvolvimento sem deixar de lado a importância do consumo consciente.

## BEBIDAS NÃO ALCOÓLICAS

### *Água mineral de mesa*

Desde o século XX maior produtor de água mineral de mesa do país, hoje Minas Gerais parte para novos estudos e classificação de suas águas (Primórdios, 2020). Além de essencial para a vida, a água é elemento intensificador de sabor. Hoje em dia, existe na gastronomia o sommelier de água, profissional que estuda e usa a água para realçar sabores de vinho, bebidas de frutas, café e inclusive pratos. De acordo com esses profissionais, é imprescindível que restaurantes finos tenham uma carta dedicada ao líquido essencial – ou que garçons e sommeliers saibam indicar a garrafa que combine com a refeição do cliente.

Os minerais da água podem ser medidos pelos sólidos totais dissolvidos (TDS, na sigla em inglês), parâmetro que examina a concentração de minerais na água. O sódio da água, por exemplo, não é beneficiado, ou seja, não é sal. É um elemento necessário, assim como o magnésio e o cálcio, minerais naturais essenciais para a saúde (Metrópoles, 2020).

O TDS baixo é ideal para acompanhar vinhos leves e pratos como saladas e frutos do mar. Já o médio vai bem com molhos vermelhos não muito intensos, enquanto as carnes pesadas e gordurosas e os vinhos intensos vão com águas mais fortes, até mesmo as com gás.

### *Sucos naturais*

Minas está na segunda posição no ranking nacional de produção de tangerina, limão e laranja-pera, frutas mais usadas na produção de sucos. O estado, segundo a Emater, produz cerca de 20% da produção brasileira dessas frutas, que são exportadas para Holanda, Reino Unido, Bélgica, Portugal e Emirados Árabes Unidos.

### *Chás*

Há atualmente uma tendência de abertura de casas de chá e valorização das plantas locais. Seria um retorno à condição do século XIX, quando as companhias mineradoras inglesas fomentaram uma expoente exportação de chá para o Velho Mundo, com as cidades de Caeté e Ouro Preto como destaque – inclusive o chá da folha de congonha nessa época deu nome à cidade de Congonhas, em Minas Gerais. Trata-se de uma área promissora, principalmente pela busca da vida saudável (Primórdios, 2017).

### *Refrigerantes*

Embora sem grande expansão, a produção de refrigerantes mantém-se com marcas tradicionais mineiras, como o refrigerante Mate Couro e o Guaraná Brasil (Primórdios, 2020).

### *Cafés*

Minas Gerais é o estado com a maior produção de café do mundo. No Sul, a cidade de Cristina recebeu a melhor nota de café alcançada mundialmente até hoje. A cultura da produção do grão no estado ganhou força em 1907, e a Zona da Mata passou a ser rota de transporte em razão do Caminho Novo, criado para o transporte do ouro. Nesse período, a centralização do café beneficiou o enriquecimento da região e a expansão da produção para o sul de Minas (Pi-Kato, 2016). Hoje é um produto com várias microrregiões produtivas registradas no estado.

Os cafés são divididos em dois grupos: Arábica (*Coffea arabica*, grupo 1) e Robusta (*Coffea canephora*, grupo 2), segundo a Instrução Normativa nº 8, de 11 de junho de 2003, do Ministério da Agricultura e Pecuária. O sabor e o aroma são classificados pela prova de xícara, teste cego oficial para classificação do café, em que dois ou mais provadores definem as características e as diferenças entre as bebidas. Esse teste surgiu no Brasil no início do século XX e foi adotado pela Bolsa de Café e Mercadorias de Santos a partir de 1917.

## *Classificação dos cafés*

**1. *Rio zona***

Bebida de sabor e odor intoleráveis ao paladar e ao olfato.

**2. *Rio***

Bebida com sabor forte e desagradável, que se assemelha a iodofórmio ou ácido fênico.

**3. *Estritamente mole***

Bebida de sabor muito suave e adocicado.

**4. *Mole***

Bebida de sabor acentuado e adocicado.

**5. *Apenas mole***

Bebida de sabor, mas com leve adstringência.

**6. *Duro***

Bebida com sabor adstringente e gosto áspero.

**7. *Riado***

Bebida com leve sabor de iodofórmio ou ácido fênico.

## BEBIDAS ALCOÓLICAS

### *Licores*

Assim como os fermentados, a maior produção de licores mineiros ainda é artesanal, com frutas locais como pequi, uvaia, jenipapo e jabuticaba (Primórdios, 2020).

### *Drinques*

O estado de Minas tem nas caipirinhas seu drinque mais tradicional. Há mais de setenta anos o Senac MG forma bartenders, cuja técnica muito valoriza a produção de bebidas locais e promove o reconhecimento de novas bebidas de sucesso no estado. Exemplo é o gim, que desponta como elemento diferenciado na coquetelaria mineira.

### *Cachaças*

A cachaça é feita exclusivamente por meio da fermentação da cana, que resulta no "vinho", cuja primeira destilação em alambique de cobre origina a cachaça de cabeça, pouco indicada para consumo e descartada. A segunda destilação produz o coração da cachaça, apropriado para consumo. Uma pequena quantidade final mais aguada denominada cachaça de cauda também é descartada; o restante segue para filtragem e, por fim, inicia-se o envelhecimento. A bebida que não passa por esse processo não pode ser chamada de cachaça e recebe o nome de água ardente.

### *Fermentados*

A fermentação de bebidas é a técnica mais antiga de produção de bebidas alcoólicas do mundo, por meio da qual o açúcar é transformado em álcool. Em Minas, destacam-se fermentados como o aluá, feito de abacaxi, o fermentado de jabuticaba (Catas Altas) e o hidromel do Caraça, feitos de modo artesanal e muito importantes para pequenas comunidades e fomento do turismo gastronômico (Primórdios, 2017).

***Cervejas***

Também são uma bebida fermentada e, por isso, denominadas pão líquido. Nos últimos anos, o mercado cervejeiro mineiro expandiu-se e cresceu em qualidade e premiações (Primórdios, 2020).

É equivocado afirmar que as cervejas de comercialização em grande escala são artesanais, pois hoje elas são produzidas industrialmente. Para a organização do ramo, a fiscalização e a abertura segura do mercado cervejeiro mineiro, é necessária uma legislação clara e transparente que defina esses limites (Primórdios, 2020).

***Vinhos***

Os vinhos são as únicas bebidas fermentadas à base de uva. Por meio do trabalho de produtores e da Epamig, a poda invertida das parreiras possibilitou que a tradicional produção de vinhos de mesa em Minas Gerais, desde o século XVIII, alcançasse níveis de qualidade e premiações importantes no Brasil e fora dele.

***Drinques à base de fermentados***

Os drinques feitos com fermentados são a base perfeita, de sabor diferenciado, para a preparação de coquetéis emblemáticos, ainda subutilizados em Minas Gerais.

***Fermentados de frutas diversas***

Em Minas, busca-se a definição de uma nomenclatura comercial e uma carta específica de caracterização do sabor diferenciado dessas bebidas. A cidade de Catas Altas é pioneira nessa ação, com o fermentado de jabuticaba. O kombucha aparece como uma opção saudável de fermentado não alcoólico, rico em probióticos e com grande potencial de alternativa aos refrigerantes.

# CAFÉ DE AMENDOIM SERVIDO COM CONHAQUE

*Arthur Fonseca Pedrosa*

Em dias frios ou em festas juninas, era hábito acrescentar uma dose de conhaque ao preparo desta receita e servir como drinque quente.

| Rendimento: 6 porções | Cidade ou região: Nova União |
|---|---|
| 500 ml de leite<br>2 colheres (sopa) de açúcar mascavo<br>100 g de amendoim moído<br>1 dose de conhaque<br>Canela em pau<br>Canela para polvilhar | 1. Ferva o leite com o açúcar.<br>2. Acrescente o amendoim triturado.<br>3. Adicione a canela em pau.<br>4. Deixe ferver mais um pouco.<br>5. Sirva quente com conhaque, polvilhado com canela, como substituição ao café com leite. |

**Obs.:** esta receita representa um hábito muito antigo, quando o amendoim era usado como estimulante na falta do café. Em dias de festa junina, costumava-se acrescentar uma dose de conhaque ao preparo.

*Café de amendoim servido com conhaque*

# CONSIDERAÇÕES FINAIS

A cadeia produtiva sustenta a cozinha mineira. Reconhecer essa cadeia e sua importância para a cozinha é vital para os profissionais da área. Além da cultura e dos ingredientes, é essencial entender a atuação dos profissionais de cozinha e de outros setores desse processo, composto de atores da iniciativa privada e de organizações do terceiro setor. Reconhecer que instituições, mesmo sem fazer parte diretamente da cozinha, interagem com ela, como o poder público, instituições de mídia, regulação, pesquisa, premiações e comércio. Isso fortalece a ligação direta entre produtores e cozinheiros e proporciona melhorias à medida que capacita, aprimora, regula, promove e fiscaliza, colaborando qualitativamente com o aprimoramento total da cozinha mineira.

É a cozinha mineira que fomenta constantemente o processo de criação dessas redes intersetoriais, promove o compartilhamento de informações, o alinhamento de iniciativas e parcerias, inclusive para atuação em áreas de vulnerabilidade social. Essa é a visão do Senac MG. Presente de modo educacional, o Senac participa de vários elos dessa cadeia produtiva tão bem representada no Plano Estadual da Gastronomia Mineira por meio da sistematização gráfica proposta pelo Programa Primórdios da Cozinha Mineira.

Essa representação sintetizou os atores da gastronomia mineira envolvidos no processo de desenvolvimento ao destacar coincidências e semelhanças entre os diversos conjuntos da produção alimentar e seus atores nas regiões de Minas Gerais, reconhecendo pontos comuns como roças, quintais e vendas, com as respectivas unidades e os respectivos modos de produção. A sequência de estudos propostos para esse fim consolidou o reconhecimento de nove pilares que representam a cadeia produtiva da cozinha mineira, entre eles um inédito: a técnica de cozinha, capaz de criar não só memória afetiva mas também grandes negócios por meio de um único modo de fazer. Uma receita pode originar um grande negócio e proporcionar o sustento de uma família.

Os elos da cadeia gastronômica mineira estão em cada prato ou em cada produto alimentar do estado e os tornam a maior vitrine do conjunto cultural, econômico e produtivo alimentar do estado.

# REFERÊNCIAS


50EMAIS. *Adeus a Gema, cujos doces encantaram a princesa*. Disponível em: https://www.50emais.com.br/adeus-a-gema-cujos-doces-encantaram-a-princesa. Acesso em: 16 jul. 2020.

ABDALA, M. C. *Receita de mineiridade: a cozinha e a construção da imagem do mineiro*. Uberlândia: Editora da Universidade Federal de Uberlândia, 2007.

ABDALA, M. C. *Sabores da tradição*. Revista do Arquivo Público Mineiro. Belo Horizonte, MG, v. 42, f. 2, p. 118-129, jul./dez. 2006. Ensaio.

ABRAS, M. F. *Pancs: a cultura alimentar de hortaliças tradicionais na modernidade*. 150 f. Dissertação – Mestrado em Estudos Culturais Contemporâneos. Belo Horizonte: Faculdade de Ciências Humanas, Universidade Fumec, 2018.

ADITIVOS E INGREDIENTES. *Farinhas de trigo, de outros cereais e de outras origens*. São Paulo, 1998. Disponível em: http://www.insumos.com.br/aditivos_e_ingredientes/materias/98.pdf. Acesso em: abr. 2019.

ADITIVOS E INGREDIENTES. *O sal e seus substitutos*. São Paulo, 2018. Disponível em: http://www.insumos.com.br/aditivos_e_ingredientes/materias/98.pdf. Acesso em: abr. 2020.

AGÊNCIA MINAS (2019). *Minas Gerais é destaque na produção de citros*. Disponível em: http://www.agenciaminas.mg.gov.br/noticia/minas-gerais-e-destaque-na-producao-de-citros. Acesso em: mar. 2023.

ALGRANTI, L. M. "Doces de ovos, doces de freiras: a doçaria dos conventos portugueses no livro de receitas da irmã Maria Leocádia do Monte do Carmo" (1729). *Cadernos Pagu*, Campinas, n. 17-18, p. 397-408, 2002.

ALMEIDA, P. G. "Ingredientes agregam valor à água". *Revista Engarrafador Moderno*, São Paulo, n. 60, p. 28-30, out. 1998.

ALMEIDA, S. (2016). *Rutaceae, Família*. Disponível em: https://knoow.net/ciencterravida/biologia/rutaceae-familia/. Acesso em: 18 abr. 2019.

ALZUGARAY, D. *Plantas que curam*. São Paulo: Três, livros e fascículos. Vol. 3, 1989.

ARAÚJO, W. M. C. (Org.) *Alquimia dos alimentos*. 3. ed. Brasília: Senac Distrito Federal, 2014.

ASSEMBLEIA LEGISLATIVA DE MINAS GERAIS – ALMG. "Políticas públicas ao seu alcance." *Infraestrutura ferroviária*. Disponível em: https://politicaspublicas.almg.gov.br/temas/index.html?tagNivel1=309&tagAtual=10227. Acesso em: mar. 2023.

ASSEMBLEIA LEGISLATIVA DE MINAS GERAIS – ALMG (2007). "Políticas públicas ao seu alcance." *Terras quilombolas*. Disponível em: https://politicaspublicas.almg.gov.br/temas/terras_quilombolas/dados_indicadores/dado_indicador1.html?tagNivel1=8&tagAtual=10185. Acesso em: mar. 2023.

ASSOCIAÇÃO BRASILEIRA DE PROTEÍNA ANIMAL – ABPA. Acesso em: 19 jan. 2023.

ASSOCIADOS DA ASSOCIAÇÃO DE PORTADORES DE DIABETES – AAPD. *Doce vida: uma publicação da UFSJ e da Associação de Portadores de Diabetes de São João Del-Rei*. Marcos Vieira-Silva, M. *et al.* (Orgs.). Disponível em: https://ufsj.edu.br/portal2-repositorio/File/lapip/Livro%20Doce%20Vida%20finalizado(1)(5).pdf. Acesso em: 10 abr. 2019.

ASSUNÇÃO, C. F. (2022). "As relações de Santa Luzia/MG com a geo-história do Brasil e da economia-mundo capitalista entre os séculos XVIII-XIX". *Revista Geografias*, 16(2), 27-51. Disponível em: https://doi.org/10.35699/2237-549X.2020.24055.

AVELAR, E. *Cozinha mineira: dos quintais aos territórios gastronômicos – Uma narrativa sobre a história da gastronomia contemporânea mineira*. Belo Horizonte: Letramento, 2020.

AVILA, A. *Resíduos seiscentistas de Minas*. Belo Horizonte: UFMG, 1967.

ÁVILA, Cristina. *Vinho de rosas: iconografia e costumes*. Belo Horizonte: Vinho de Rosas Produções Artísticas, 2001.

BAPTISTA, M. N.; CAMPOS, D. C. *Metodologia de pesquisa em Ciências. Análises quantitativa e qualitativa*. Barueri: LTC, 2016.

BARBER, D. *O terceiro prato*. Rio de Janeiro: Bicicleta Amarela, 2015.

BETARELLI JUNIOR, A. A.; DOMINGUES, E. P. *Infraestrutura de transporte e mobilidade urbana em Minas Gerais*. Texto para discussão nº 02-2016. Laboratório de Análises Territoriais e Setoriais (LATES), Programa de Pós-Graduação em Economia, Universidade Federal de Juiz de Fora, Juiz de Fora, 2016. Disponível em: https://www.ufjf.br/lates/files/2016/01/TD-LATES-02-2016.pdf. Acesso em: out. 2022.

BLOCH, M. "Advento e conquistas do moinho d'água." *In*: GAMA, R. (Org.). *História da técnica e da tecnologia*. São Paulo: Edusp, 1985.

BOCUSE, P. *O chef do século: sabor vida e gastronomia*. São Paulo: Editora Record, 2009.

BORGES, G. C.; ALMEIDA, R. A.; BORTONI, E. C. "Monitoramento de aquíferos de águas minerais – um fator de sobrevivência das estâncias hidrominerais. O caso de São Lourenço." Suplemento. *Anais do XIII Congresso Brasileiro de Águas Subterrâneas*, 2004.

BRASIL. Agência Nacional de Vigilância Sanitária – Anvisa. (2004). Resolução – RDC Nº 216, de 15 de setembro de 2004. Estabelece procedimentos de boas práticas para serviço de alimentação, garantindo as condições higiênico-sanitárias do alimento preparado. *Diário Oficial da União*, Brasília, DF, 17 de setembro de 2004.

BRASIL. Constituição da República Federativa do Brasil. 1988. Artigo 21, Inciso XIX, 1988. Lei ordinária Federal 9.433/97.

BRASIL. Decreto-Lei n. 7.841, de 8 de agosto de 1945. Código de Águas Minerais.

BRASIL. Ministério da Saúde. Portaria n. 2.914, de 12 de dezembro de 2011. Dispõe sobre normas de potabilidade de água para o consumo humano. Brasília: SVS, 2011.

CAÇÃO, C. M. (2012). *Os anos iniciais da cafeicultura no Sul de Minas: apontamentos da imprensa*. Disponível em: http://www.encontro2012.mg.anpuh.org/resources/anais/24/1340757484_ARQUIVO_OsanosiniciaisdacafeiculturanoSuldeMinasapontamentosdaimprensaregional_18701890_2.pdf. Acesso em: 21 abr. 2019.

CAMARGO, E. B.; BOTELHO, R. A. *Técnica dietética: seleção e preparo de alimentos. Manual de laboratório*. São Paulo: Atheneu, 2008.

CAMARGO, L. A. *Pão nosso: receitas caseiras com fermento natural*. São Paulo: Editora Panelinha, 2013.

CANDIDO, Guida. *Cinco séculos à mesa: receitas com história*. Lisboa: Publicações D. Quixote, 2014.

CANDIDO, Guida. *Cinco séculos à mesa: receitas com história*. Lisboa: Publicações D. Quixote, 2016.

CARRATO, J. F. *As Minas Gerais e os primórdios do Caraça*. São Paulo: Cia. Editora Nacional, 1963. 339 p.

CASA E JARDIM. *Rainha das farinhas*. Disponível em: https://revistacasaejardim.globo.com/Casa-e-comida/Reportagens/Comida/noticia/2013/05/rainha-das-farinhas.html. Acesso em: mar. 2023.

CASCUDO, L. C. *Antologia da alimentação no Brasil*. Livros Técnicos e Científicos. Rio de Janeiro: Editora S/A., 1977.

CASCUDO, L. C. (2011). *História da alimentação no Brasil*. 4. ed. São Paulo: Global, 2011.

CERRATINGA. *Cagaita*. Disponível em: http://www.cerratinga.org.br/cagaita. Acesso em: 14 abr. 2019.

CERRATINGA. *Pequi*. Disponível em: http://www.cerratinga.org.br/pequi. Acesso em: 20 abr. 2019.

CHRISTO, M. S. L. *Fogão de lenha: quitandas e quitutes de Minas Gerais*. 9. ed. Petrópolis: Vozes, 1977.

CIRCUITO DO OURO. *Curiosidades sobre a jabuticaba*. Disponível em: http://circuitodoouro.tur.br/blog/2018/10/17/5-curiosidades-sobre-a-jabuticaba. Acesso em: 14 abr. 2019.

COLLAÇO, Janine (org.). *Cidades e consumo alimentar: mercados gastronômicos urbanos*. v. 3. Goiás: Editora da Imprensa Universitária UFG, 2018.

COLLAÇO, Janine. "Gastronomia: a trajetória de uma construção recente." *Revista Hábitus*. Goiânia: PUC Goiás, 2013.

COLLAÇO, Janine. "O encontro entre o tradicional e o novo." Tessituras. *Revista de Antropologia e arqueologia*. 24 dez. 2013.

CONHEÇA MINAS. (2017). *O pioneirismo de Maria da Fé no plantio de oliveiras*. Disponível em: http://www.conhecaminas.com/2017/01/o-pioneirismo-de-maria-da-fe-no-plantio.html. Acesso em: 20 abr. 2019.

CORREIO DE SANTA MARIA. (2017). *Os 24 tipos de mangas populares que você precisa conhecer*. Disponível em: https://correiodesantamaria.com.br/noticia/3556/os-24-tipos-de-manga-mais-populares-que-voce-precisa-conhecer. Acesso em: 21 abr. 2019.

COSTA, M. F.; DUENER, P. *Spix e Martius: relatórios ao rei*. Rio de Janeiro: Capivara, 1976.

COSTA PEREIRA, H. J. (1800). *Descripção da arvoré assucareira e da sua utilidade e cultura impressa de ordem superior*. Lisboa, Typographia Chalcographica e Litteraria do Arco do Cego, Anno M. DCCC [1800]. Disponível em: https://digital.bbm.usp.br/bitstream/bbm/5036/1/022935_COMPLETO.pdf. Acesso em: 9 abr. 2019.

COZINHEIRO NACIONAL (autor desconhecido). Rio de Janeiro: Editora B. L. Garnier, 1860.

DEBRET, Jean-Baptiste. *Pinturas do Brasil*. Disponível em: bing.com. Acesso em: 19 jan. 2024.

DE OLIVEIRA, J. E. D.; MARCHINI, J. S. *Ciências nutricionais: aprendendo a aprender*. 2. ed. São Paulo: Sarvier, 2008.

DE PAULA, J. A. *et al*. *História Geral de Minas*. Belo Horizonte: UFMG, 2018.

DIAS, G. J. A. C. (2004). "O sal e sua ambivalente dimensão: sabor da comida e símbolo de preservação religiosa." *Seminário internacional sobre o sal português*, 2004, p. 341-348. Disponível em: https://hdl.handle.net/10216/22826. Acesso em: 5 abr. 2019.

DICIONÁRIO GASTRONÔMICO. Disponível em: https://eadgourmet.com.br/dicionario-gastronomico/. Acesso em: 19 jan. 2024.

DICIONÁRIO PRIBERAM ONLINE DA LÍNGUA PORTUGUESA. *Dieta*. Disponível em: https://dicionario.priberam.org/dieta. Acesso em: 2 mai. 2019.

DORES, M. T.; FERREIRA, C. L. L. F. "Queijo minas artesanal, tradição centenária: ameaças e desafios." *Revista Brasileira de Agropecuária Sustentável*. Viçosa, MG, v. 2, n. 2, p. 26-34, dezembro de 2012. ISSN 2236-9724.

DÓRIA, C. A. *Formação da culinária brasileira: escritos sobre a cozinha inzoneira*. São Paulo: Três Estrelas, 2014.

EMBRAPA. *A amora-preta ocupa espaço no mercado da indústria e de mesa ao valorizar o seu potencial*. Disponível em: https://www.embrapa.br/busca-de-noticias/-/noticia/7893485/a-amora-preta-ocupa-espaco-no-mercado-da-industria--e-de-mesa-ao-valorizar-o-seu-potencial. Acesso em: 21 abr. 2019.

ENANPEGE. *A geografia brasileira na ciência-mundo: produção e apropriação do conhecimento*. Disponível em: https://www.fflch.usp.br/1552.

ESTIENE, S. C. *Banana*. Disponível em: https://www.infoescola.com/frutas/banana. Acesso em: 18 abr. 2019.

FELIPPE, G. *Frutas: sabor à primeira mordida*. São Paulo: Editora Senac, 2005.

FERNANDES, A. (2015). *Conheça dez curiosidades sobre a mexerica*. Disponível em: https://www1.folha.uol.com.br/asmais/2015/07/1657979-conheca-dez-curiosidades-sobre-a-mexerica.shtml. Acesso em: 14 abr. 2019.

FIEL. *Banana pão*. Disponível em: https://www.fiel.pt/pt/catalogo/bananas/banana-pao. Acesso em: 18 abr. 2019.

FLANDRIN, J.-L.; MONTANARI, M. *História da alimentação*. São Paulo: Estação Liberdade, 1998.

FONSECA, Vani Maria; HADDAD, Samir Rodrigues; SOUTO, Sandra Ribeiro. *Relatório de Pesquisa Programa Primórdios*. Diamantina, MG: Acervo Senac Minas, 2020.

FRIEIRO, E. (1982). *Feijão, angu e couve: ensaio sobre a comida dos mineiros*. São Paulo: Edusp, 1967.

FUNDAÇÃO BANCO DO BRASIL (2010). *Fruticultura – Banana*. Disponível em: https://www.bb.com.br/docs/pub/inst/dwn/Vol3FruticBanana.pdf. Acesso em: 14 abr. 2019.

GARNIER, B. L. (1895). *Doceiro nacional ou arte de fazer toda a qualidade de doces*. 4. ed. Rio de Janeiro. Disponível em: https://digital.bbm.usp.br/handle/bbm/3821. Acesso em: 19 jan. 2024.

GAVINHO, Anna Maria das Virgens Pereira Rabello; D. Constança Oliva de Lima (org.). *Doceira brasileira*. Rio de Janeiro: Eduardo e Henriques Laemmert, 1951.

GIACON, E. (2017). *Manga, maçã ou coração de boi Stein*. Disponível em: http://ciprest.blogspot.com/2017/01/manga-maca-mangifera-indica.html. Acesso em: 21 abr. 2019.

GIL, A. M. *Uma reflexão sobre a aplicabilidade das pesquisas no Brasil*. 2005. Disponível em: 34702-Texto do artigo-40654-1-10-20120722.pdf, 2008.

GONSALVES, P. E. *Livro dos alimentos*. 2. ed. São Paulo: Summus, 2001.

GUERRERO, E. R. R. *O sabor moderno: da Europa ao Rio de Janeiro na República Velha*. Rio de Janeiro: Ed. Forense Universitária, 2007.

GUIMARÃES ROSA, J. *Grande sertão veredas*. São Paulo: Companhia das Letras, 2021.

HILAIRE, S. *Viagem às nascentes do Rio São Francisco*. Rio de Janeiro: Editora Garnier, 2011.

HOBSBAWN, E.; RANGER, T. *A invenção das tradições*. Rio de Janeiro: Paz e Terra, 1997.

HOLZEN, W. "O sabor do sal: paisagens vernaculares da Araruama." *Geograficidade*. Niterói, v. 4, n. especial, p. 47-58, outono 2014. ISSN 2238-0205.

HOUAISS, A.; VILLAR, M. *Dicionário Houaiss da língua portuguesa*. Rio de Janeiro: Objetiva, 2009.

HUE, S. M. *Delícias do descobrimento*. Rio de Janeiro: Jorge Zahar, 2009.

IBGE (2010) *apud* NUNES, M. A. J.; COSTA, S. G.; DA SILVA, R. G. *O quadrilátero ferrífero e o norte de Minas Gerais: análise da história e importância econômica*. 16 f. Artigo desenvolvido durante a disciplina: Geografia do Comércio e Circulação, 2012/1º.

IMA, Queijos Artesanais, 2019. Disponível em: https://www.ima.mg.gov.br/agroindustria/queijos-artesanais#:~:text=Queijos%20Artesanais%20O%20Decreto%20n%C2%BA%209.918%2C%20de%2018%2F07%2F2019%2C,interestadual%2C%20desde%20que%20estejam%20submetidos%20%C3%A0%20inspe%C3%A7%C3%A3o%20sanit%C3%A1ria. Acesso em: 22 jan. 2024.

IPHAN, 2019. *Queijo artesanal de Minas vira patrimônio cultural.* Maio, 2008. Disponível em: <http://portal.iphan.gov.br/noticias/detalhes/2033/queijo-artesanal-de-minas-vira-patrimonio-cultural. Acesso em: 29 mar. 2019.

JUDD, M. J.; MCANENEY. K.J.; WILSON, K.S. "Influence of water stress on kiwifruit growth". *Irrigation Sci.*, 10, pp. 303-311, 1989.

JÚNIOR, Caio Prado. *Formação do Brasil contemporâneo.* São Paulo: Editora Brasiliense, 1977.

KENNETH, James. *Escoffier: o rei dos chefs.* São Paulo: Ed. Senac, 2008.

KINUPP, V. F.; LORENZI, H. *Plantas alimentícias não convencionais: guia de identificação, aspectos nutricionais e receitas ilustradas.* São Paulo: Inst. Plantarum, 2014.

KURLANSKY, M. *Sal: uma história do mundo.* 2. ed. São Paulo: Editora Senac, 2011.

LÉVI-STRAUSS, C. *O cru e o cozido.* Mitológicas 1. São Paulo: Cosac Naify, 2004.

LOPES, P. *Maracujá.* Disponível em: https://brasilescola.uol.com.br/frutas/maracuja.htm. Acesso em: 21 abr. 2019.

LUZ, C. L. Silva. Anacardiaceae R. Br. *na flora fanerogâmica do Estado de São Paulo.* Disponível em: https://www.teses.usp.br/teses/disponiveis/41/41132/tde-27042012-123436/pt-br.php. Acesso em: 17 abr. 2019.

MAGALHÃES, S. M. (2004). *A mesa de Mariana: produção e consumo de alimentos em Minas Gerais (1750-1850).* 1. ed. São Paulo: Annablume; Fabesp, 2004. 160 p.

MARTIUS, C. F. P. *Natureza, doenças, medicina e remédios dos índios brasileiros.* 5. ed. São Paulo, Rio de Janeiro, Recife, Porto Alegre: Companhia Editora Nacional, 1939. Tradução de Pirajá da Silva.

MENESES, J. N. C. (2015). "Pátio cercado por árvores de espinho e outras frutas, sem ordem e sem simetria: o quintal em vilas e arraiais de Minas Gerais (séculos XVIII e XIX)." *Anais do Museu Paulista: História e Cultura Material* v. 23, n. 2, São Paulo, julho/dezembro 2015. Disponível em: https://doi.org/10.1590/1982-02672015v23n0203. Acesso em: 18 abr. 2019.

MENESES, J. N. C. "Queijo artesanal de Minas: patrimônio cultural do Brasil." v. I. *Dossiê interpretativo.* Belo Horizonte. Maio de 2016.

MERGAREJO NETTO, Marcos. *A geografia do queijo minas artesanal.* Belo Horizonte: Unesp, 2014.

METRÓPOLES. *Sommelier de água conta como a bebida faz a diferença à mesa.* Disponível em: https://www.metropoles.com/gastronomia/beber/sommelier-de-agua-conta-como-a-bebida-faz-a-diferenca-a-mesa. Acesso em: 27 mai. 2020.

MONTANARI, Massimo *apud* Collaço. *Cozinha doméstica e cozinha profissional: do discurso às práticas.* 2008. Disponível em: https://www.academia.edu/87138281/Cozinha_dom%C3%A9stica_e_cozinha_profissional_do_discurso_%C3%A0s_pr%C3%A1ticas. Acesso em: 22 jan. 2024.

MONTANARI, Massimo. *Comida com cultura.* 2. ed. São Paulo: Editora Senac São Paulo, 2013.

MONTEIRO, P. H. R. *et al. O uso e o potencial da pitanga.* Disponível em: https://ainfo.cnptia.embrapa.br/digital/bitstream/item/58955/1/EVINCI-033-09.pdf. Acesso em: 14 abr. 2019.

MORAES, A. *Infografia: história e design.* São Paulo: Editora Edgard Blucher, 2017.

NUNES, M. L. C. *História da arte da cozinha mineira por Dona Lucinha.* Ed. Larousse Brasil, 2010.

NUNES, M. L. C. *História da arte da cozinha mineira por Dona Lucinha.* Belo Horizonte, 2018.

OLIVEIRA, J. E. D.; MARCHINI, J. S. *Ciências nutricionais.* São Paulo: Sarvier, 1998.

PALAZZO, C. C. *et al.* (2019). *Gosto, sabor e paladar na experiência alimentar: reflexões conceituais.* Disponível em: https://doi.org/10.1590/Interface.180078. Acesso em: mar. 2023.

PALÚ, L. *The Vincentian Family: 400 years of service on behalf of the poor,* 2015. Disponível em: https://cmglobal.org/en/files/2018/04/VT-2015-04-12-ENG-LAURO-PALU.pdf. Acesso em: 23 jan. 2024.

PASCHOAL, V.; BAPTISTELLA, A. B.; SOUZA, N. S. *Nutrição funcional e sustentabilidade: alimentando um mundo saudável.* São Paulo: Centro de Nutrição Funcional, 2017.

PEDROSA, V. "Cata Aqui, Cata acolá: a arte de comer nos primórdios do Brasil". *Revista Gastronomia e Turismo,* Ano 2. Edição 2016.

PEDROSA, V. *Revista Gastronomia e Turismo: primórdios da cozinha mineira.* Belo Horizonte: Publicações Senac MG, 2017.

PEDROSA, V.; HADDAD, S.; SOUTO, S. *Relatório de Pesquisa Programa Primórdios em Santa Luzia, MG.* Acervo Senac Minas, 2019.

PEREIRA, E. P. R. (2015). *Saúde na casca da jabuticaba.* Disponível em: http://www.unicamp.br/unicamp/ju/620/saude-na-casca-da-jabuticaba. Acesso em: 18 abr. 2019.

PHILIPPI, S. T. *Nutrição e técnica dietética.* 2. ed. rev. e atual. Barueri: Manole, 2008.

PINTO, M. D. N. *Mandioca e farinha: subsistência e tradição cultural.* Série Encontros e Estudos. Seminário Alimentação e Cultura. Projeto Celebrações e Saberes da Cultura Popular. Centro Nacional de Folclore e Cultura Popular/FUNARTE/Secretaria do Patrimônio, Museus e Artes Plásticas. Ministério da Cultura, 2002.

PODESTÁ, Marcelo (org.). *Arca do gosto: Minas Gerais: 100 alimentos da sociobiodiversidade*. São Paulo: Associação Slow Food do Brasil, 2021.

PORTAL SÃO FRANCISCO. *Carambola*. Disponível em: https://www.portalsaofrancisco.com.br/alimentos/carambola. Acesso em: 21 abr. 2019.

PRIORE, M. *História da gente brasileira*. São Paulo: Planeta, 2016.

PROCREARE (2017). *O que é aproveitado em um boi*. Disponível em: www.procreare.com.br/o-que-e-aproveitado-em-um-boi/. Acesso em: mar. 2023.

RABELO, J. M. *et al*. *História geral de Minas*. Belo Horizonte: UFMG, 2018.

RABELO, J. M.; PAULA, J. A.; DIAS, F. C.; FARIA, R. M. *História geral de Minas*. 1. ed. Ouro Preto: Editora Grapho, 2018.

RAMALHO, C. (2018). "Manga com leite faz mal? Mundo estranho." *Super Interessante*. Disponível em: https://super.abril.com.br/mundo-estranho/manga-com-leite-faz-mal. Acesso em: 19 abr. 2019.

RENTERIA, H. *O sabor moderno: da Europa ao Rio de Janeiro na República Velha*. Rio de Janeiro: Forense Universitária, 2016.

REVISTA GEOGRAFIAS. v. 28, v. 2, 2020. *Potencial do uso conservacionista das bacias hidrográficas*. Disponível em https://periódicos.ufmg.br. Acesso em: 17 out. 2023.

ROCHA, Sebastião. *O sabor das Minas Gerais*. Livro Sabores do Brasil, n. 13. Disponível em PDF (scrib.com). Acesso em: 17 out. 2023.

ROWE, L. *Sabor: a infografia dos alimentos*. Lisboa: Editora Jacarandá, 2018.

SAINT-HILAIRE, A. *Plantes usuelles des brasiliens*. Paris: Grimbert Libraires, 1828.

SAINT-HILAIRE, A. *Viagem às nascentes do Rio São Francisco*. São Paulo: Edusp, 1937.

SAINT-HILAIRE, A. *Viagem pelas províncias do Rio de Janeiro e Minas Gerais*. Rio de Janeiro: Ed. Nacional, 1938.

SAINT-HILAIRE, A. *Voyages dans l'intérieur du Brésil: première partie: voyage dans les provinces de Rio de Janeiro*. Paris: Grimbert et Dorez, Libraires, 1838.

SALLES, J. *Se não me falha a memória*. Belo Horizonte: IMS, 1993.

SANTOS, J. I. C. *O essencial em cervejas e destilados*. São Paulo: Editora Senac São Paulo, 2006.

SAVARIN, B. (1953). *La fisiología del gusto*. Obras Maestras. Disponível em: https://www.academia.edu/29819052/Brillat_Savarin_Fisiologia_Del_Gusto_libre. Acesso em: 23 jan. 2024.

SEIDL, C. *O catecismo da cerveja: o papa da cerveja responde a todas as perguntas sobre a loura gelada*. Tradução Ingo Lütge e Flávio Quintiliano. 2. ed. São Paulo: Editora Senac São Paulo, 2003.

SILVA, M. N. S.; TUBALDINI, M. A. S. (2013). "O ouro do cerrado: a dinâmica do extrativismo do pequi no Norte de Minas Gerais." *Revista Eletrônica Geoaraguaia*. Barra do Garças-MT. V. 3, n. 2, p. 293-317. Agosto/dezembro de 2013. Disponível em: http://revistas.cua.ufmt.br/index.php/geoaraguaiaold/article/viewFile/523/pdf. Acesso em: 24 abr. 2019.

SILVA, P. P. *Farinha, feijão e carne-seca: um tripé culinário no Brasil colonial*. São Paulo: Senac, 2005.

SLOW FOOD. *A arca do gosto no Brasil: alimentos, conhecimentos e histórias do patrimônio gastronômico*. São Paulo. Ed. Slowfood, 2017.

SOMOS VERDE. *Sete tipos de bananas + sete receitas fáceis e saudáveis para turbinar a culinária*. Disponível em: http://somosverdes.com.br/07-tipos-de-bananas-e-07-receitas-faceis-e-saudaveis-pra-turbinar-a-culinaria. Acesso em: 14 abr. 2019.

SOU AGRO. *Benefícios da manga Tommy para a saúde*. Disponível em: https://souagro.com.br/beneficios-da-manga-tommy-para-a-saude. Acesso em: 21 abr. 2019.

SOUTO, I. (2017). *Mexerica ganha espaço nas fazendas de Minas*. Disponível em: https://www.em.com.br/app/noticia/agropecuario/2017/11/06/interna_agropecuario,914309/mexerica-ganha-espaco-nas-fazendas-mineiras.shtml. Acesso em: 20 abr. 2019.

SOUZA, J. L.; RESENDE, P. *Manual de horticultura orgânica*. Viçosa: Aprenda Fácil, 2003.

SPIX, J. B. V. *et al. Viagem pelo Brasil*. Vol. 2. Brasília: Senado Federal, Conselho Editorial. 2017. Disponível em: https://www2.senado.leg.br/bdsf/handle/id/573991. Acesso em: 22 jan. 2024.

SQUARISI, D. (2017) *Jabuticaba: curiosidades*. Disponível em: http://blogs.correiobraziliense.com.br/dad/jabuticaba. Acesso em: 14 abr. 2019.

SUPERINTERESSANTE. *Mundo estranho: quais são os alimentos mais consumidos no mundo?* Disponível em: https://super.abril.com.br/mundo-estranho/quais-sao-os-alimentos-mais-consumidos-no-mundo/. Acesso em: 22 jan. 2024.

TAEQ. *Tipos de manga: saiba as características de sabor e nutrientes dessa fruta*. Disponível em: https://www.conquistesuavida.com.br/noticia/tipos-de-manga-saiba-as-caracteristicas-de-sabor-e-nutrientes-dessa-fruta_a4548/1. Acesso em: 21 abr. 2019.

TAGUSHI, V. (2015). *Dez curiosidades sobre o café.* Disponível em: https://revistaglobo-rural.globo.com/Noticias/Agricultura/Cafe/noticia/2015/07/10-curiosidades-sobre-cafe.html. Acesso em: 21 abr. 2019.

TAMBASCO, C. J. *A serra e o santuário.* Belo Horizonte: Terra, 2010.

TEIXEIRA, L. J. Q.; SIMÕES, L. S.; ROCHA, C. T. *et al.* (2011). *Enciclopédia Biosfera*, Centro Científico Conhecer, vol. 7, Goiânia, Goiás, 2011. Disponível em: http://www.conhecer.org.br/enciclop/2011a/agrarias/tecnologia.pdf. Acesso em: 8 dez. 2018.

TERRA DE MINAS. (2014). *Produção do açúcar artesanal exige dedicação, conhecimento e paciência.* Rio de Janeiro: Rede Globo, 24 fev. 2018. Vídeo (11 m). Publicado por Globoplay, Terra de Minas. Disponível em: https://globoplay.globo.com/v/6527645. Acesso em: 10 jun. 2020.

TUA SAÚDE. *Os benefícios da manga para a saúde.* Disponível em: https://www.tuasaude.com/beneficios-da-manga/. Acesso em: 22 jan. 2024.

VASCONCELOS, A. *Gongo Soco.* Belo Horizonte: Itatiaia, 1966.

ZANIN, T. *Doze benefícios da banana (e receitas saudáveis).* Disponível em: https://www.tuasaude.com/beneficios-da-banana. Acesso em: mar. 2023.

ZICO, J. T. (1980). *Caraça: peregrinação, cultura e turismo.* Belo Horizonte: Instituto Histórico e Geográfico de Minas Gerais, 1980.

# COLABORAÇÃO

**Caminhos reais**
*Eberhard Hans Aichinger*

**Águas de Minas Gerais e seus usos**
*Rafael Teixeira de Mattos*

**Técnica de produção de alimentos na cozinha mineira: fogão a lenha**
*Ronie Peterson*

**Horta tradicional**
*Michael Abras*

**Pomar tradicional**
*Mauro César de Paula*

**Carnes e derivados de animais**
*Marcus Vinicius de Carvalho* e *Roberto Haddad*

**Farinhas, grãos, quitandas e pães**
*Luciano Avellar* e *Fabiana Soares*

**Leiteria**
*Adriano Vilhena* e *Agnes Laila Rodrigues*

**O sal como ingrediente na cozinha mineira**
*Kleinia Anjos Vianna*

**Doceria**
*Bruno Déde*

**Bebidas não alcoólicas e alcoólicas**
*Rafael Teixeira de Mattos*, *Maicon Rodrigues* e *Arthur Fonseca Pedrosa*

A Editora Senac Rio publica livros nas áreas de Beleza e Estética, Ciências Humanas, Comunicação e Artes, Desenvolvimento Social, Design e Arquitetura, Educação, Gastronomia e Enologia, Gestão e Negócios, Informática, Meio Ambiente, Moda, Saúde, Turismo e Hotelaria.

Visite o site **www.rj.senac.br/editora**, escolha os títulos de sua preferência e boa leitura.

Fique atento aos nossos próximos lançamentos!

À venda nas melhores livrarias do país.

Editora Senac Rio
Tel.: (21) 2018-9020 Ramal: 8516 (Comercial)
comercial.editora@rj.senac.br

Fale conosco: faleconosco@rj.senac.br

Este livro foi composto nas tipografias Adelle e Citrus Gothic, e impresso pela Imos Gráfica e Editora Ltda., em papel *couché matte* 150 g/m², para a Editora Senac Rio, em fevereiro de 2025.